2019
누구나 이용하기 쉬운
출원 실전 가이드북

특허청

누구나 이용하기 쉬운
출원 실전 가이드북

목차

제1편 출원절차, 쉽게 이해하기

Ⅰ. 산업재산권 소개 / 6

Ⅱ. 출원 전 준비사항 / 6

Ⅲ. 출원에서 등록까지 간단히 알아보기 / 7
   1. 출원 / 8
   2. 방식심사 / 9
   3. 실체심사 / 10
   4. 보정서(의견서) / 12
   5. 등록/거절결정 / 14

Ⅳ. 이럴 때는 이런 서식으로 / 15
   1. 다양한 출원절차 / 15
   2. 출원인(발명자) 관련 / 16
   3. 심사 관련 / 17
   4. 기간 관련 / 18
   5. 출원 공개 및 취하(포기) / 19
   6. 서류제출 및 정보제공 / 20

Ⅴ. 알면 편리한 Tip / 21
   1. 방식심사를 빨리 진행하고자 할 때 / 21
   2. 심사결과를 빨리 받고자 할 때(우선심사신청) / 21
   3. 권리관계변경신고서 작성시 유의할 점 / 22
   4. 맞춤형 심사 제도 / 23

목차

제2편 실전, 온라인 출원

Ⅰ. 온라인 출원절차 안내도 / 26

Ⅱ. 사용자 등록(변경) 절차안내 / 27
    1. 특허고객번호 부여 신청 / 27
    2. 인증서 사용등록 / 31
    3. 출원인 정보변경(필요한 경우) / 37
    4. 주요 문서작성 SW 안내 / 39

Ⅲ. 유형별 출원절차 및 제출결과 조회 / 40
    1. 유형별 출원절차 / 40
       (1) Easy출원 Service를 이용한 출원 / 40
       (2) 전자출원 S/W(서식작성기)를 이용한 출원 / 58
       (3) 서식다운로드를 이용한 출원 / 75
    2. 출원서류 제출결과 조회 / 79

Ⅳ. 틀리기 쉬운 서식 기재사항 / 81
    1. 틀리기 쉬운 특허(실용신안등록)출원서 기재사항 / 81
    2. 틀리기 쉬운 상표등록출원서 기재사항 / 84
    3. 틀리기 쉬운 디자인등록출원서 기재사항 / 86
    4. 틀리기 쉬운 상품분류전환등록신청서 기재사항 / 86
    5. 틀리기 쉬운 보정서 기재사항 / 87
    6. 틀리기 쉬운 취하서 기재사항 / 89

Ⅴ. 발송 통지서에 따른 제출서류 등 안내 / 90
    1. 특허청 발송 통지서의 구성 / 90
    2. 주요 통지서에 따른 출원인 제출가능 서류 / 93
    3. 특허청 발송통지서에 대한 관련지식 수집 / 94

부록 1. 출원관련 수수료 안내(2018. 12. 1. 기준) / 98
부록 2. 출원료 등의 면제 및 감면 안내(2018. 12. 1. 기준) / 101
부록 3. 특허고객 서비스 업무 안내 / 105

Korean
Intellectual
Property
Office

출원절차, 쉽게 이해하기

출원 시 알아두어야 할 주요 내용과 절차, 출원 관련 서식 및 알아두면 편리한 팁 등에 대한 설명을 통해 출원절차 전반에 대하여 안내하였습니다.

제1편 출원절차, 쉽게 이해하기

I. 산업재산권 소개

	정의	존속기간
특허	자연법칙을 이용한 기술적 사상의 창작으로서 발명 수준이 고도한 것 ex) 무선통화 기술	설정등록일로부터 특허출원일 후 20년까지
실용신안	자연법칙을 이용한 기술적 사상의 창작으로서 물품의 형상, 구조, 조합에 관한 실용성 있는 고안 ex) 핸드폰 안테나 조립 장치	설정등록일로부터 실용신안출원일 후 10년까지
디자인	물품의 형상, 모양, 색채 또는 이들을 결합한 것으로서 시각을 통하여 미감을 일으키게 하는 것 ex) 핸드폰 전체 형상	설정등록일로부터 디자인출원일 후 20년까지
상표	타인의 상품과 식별하기 위하여 사용하는 기호, 문자, 도형, 입체적 형상, 색채, 홀로그램, 동작 또는 이들을 결합한 것 ex) 핸드폰 브랜드	설정등록일로부터 10년이며, 10년마다 갱신가능 반영구적 권리

II. 출원 전 준비사항

처음 특허출원을 하는 경우 먼저 특허고객번호를 부여받아야 합니다. 특허고객번호는 출원인의 기본정보(성명, 주소 등)를 하나의 코드로 관리하기 위해 필요하며, 특허청에 제출하는 모든 서류에 기재하여야 하는 고유번호이고, 한번 등록하면 다른 출원 시에도 계속 사용가능합니다.

특허고객번호 부여신청과 전자문서 이용신고가 승인된 후에는 공인인증서를 통해 특허출원절차를 진행할 수 있습니다.

Ⅲ. 출원에서 등록까지 간단히 알아보기

1)
출원
출원서류 접수 및 수수료 납부 단계

출원인, 발명자, 발명의 명칭, 심사청구여부 등을 기재합니다. 출원일을 기준으로 특허(등록)요건을 판단하므로 빨리 출원하는 것이 중요합니다.

2)
방식심사
제출된 서류의 형식 및 수수료 납부 확인

특허청에 제출된 서류가 특허법령이 정하는 방식에 적합한지 여부를 심사합니다. 주로 형식적, 절차적인 흠결이 있는지를 점검합니다.

3)
실체심사
의견제출통지서 등 발송

기술의 특성에 따라 특허분류가 되고, 특허청 심사관은 자신의 전문분야에 따라 실체심사를 합니다.
특허(등록)요건을 만족하지 못하면 심사관은 의견 제출통지서로 거절이유를 통지합니다.

4)
보정서(의견서)
의견제출통지서에 대해 제출

출원인은 심사관의 거절이유통지에 대하여 의견서 및 보정서를 제출할 수 있습니다.

5)
등록/거절결정
특허(등록) 또는 거절결정서 발송

제출된 의견서 및 보정서를 통하여 거절이유가 극복이 되면 특허(등록)결정을, 그렇지 못하면 거절 결정됩니다.

접수/발송번호	접수/발송일자	서류명
1-1-2017-0428613-74	2017.08.14	1) 특허출원서
9-1-2018-1561542-98	2018.01.16	선행기술조사의뢰서
9-1-2018-2358416-57	2018.02.11	3) 선행기술조사보고서
9-5-2018-0292648-11	2018.08.15	4) 의견제출통지서
1-1-2018-0592948-62	2018.10.08	의견서
1-1-2018-0592649-51	2018.10.08	5) 명세서등보정서
9-5-2018-0546952-48	2018.11.23	등록결정서

2) 방식심사
제출된 서류는 반드시 방식심사를 거쳐 흠결이 없는 경우에만 실체심사가 진행됩니다.

1. 출원

① 출원인

특 허 (실 용 신 안)	발명(고안)을 한 자 또는 그 승계인
디 자 인	디자인을 창작한 자 또는 그 승계인
상 표	국내에서 상표를 사용하는 자 또는 사용하고자 하는 자

※ 재외자(국적여부와는 무관하게 국내에 주소 또는 영업소가 없는 자)는 본인(법인인 경우 그 대표자)이 국내에 체재하는 경우를 제외하고는 단독으로 산업재산권에 관한 절차를 밟을 수 없고, 국내에 주소 또는 영업소를 가지고 있는 특허관리인을 통해야만 가능합니다.

② 구비서류

특허(실용신안)	디 자 인	상 표
1. 출원서 2. 요약서, 명세서, 도면 ※ 방법특허인 경우 도면 생략 가능(단, 실용신안은 반드시 도면 필요)	1. 출원서 2. 도면(도면에 갈음하여 사진 또는 견본 제출 가능)	1. 출원서 2. 상표견본(가로세로 각각 8cm 이내) 3. 상표에 대한 설명서 (색채 또는 색채의 조합만으로 된 상표, 홀로그램 상표, 동작 상표 및 그밖에 시각적으로 인식할 수 있는 것으로 된 상표의 등록출원에 한함)

※ 특허·실용신안에서 권리로 보호받고자 하는 사항은 명세서 중 청구범위이므로 기재 시 유의하여야 합니다.

※ 상표에서 지정상품은 상표를 사용하거나 사용하고자 상품으로 기재하여야 합니다.

③ 제출방법

a. 방문 접수
 - 장   소 : 특허청 고객지원실(대전)
            특허청 서울사무소(서울)
 - 접수시간 : 09:00~18:00

b. 우편 접수
 - 우 35208
   대전광역시 서구 청사로 189 정부대전청사 특허청장
 - 우체국 소인일자를 출원일로 인정 (PCT국제출원은 도달일)

c. 온라인 접수
 - 특허로 http://www.patent.go.kr

2. 방식심사

방식심사란 출원에 관한 절차를 밟는 자가 특허청에 제출한 서류가 산업재산권법(특허법, 실용신안법, 디자인보호법 및 상표법) 및 산업재산권법에 의한 명령이 정하는 방식에 적합한지 여부를 심사하는 것을 말합니다.
출원관련 서류에 대한 방식심사는 서류의 기재방식, 첨부서류, 수수료 납부사항 등에 대해서 실시하여 흠결이 없으면 수리하고 그렇지 않은 경우, 보정요구 또는 반려이유통지를 합니다.

① 치유할 수 있는 흠결 발생

방식심사 결과 보정이 가능한 서류는 1개월 이내의 기간을 정하여 보정요구서를 보냅니다. 출원인은 보정요구서에 대한 보정서를 제출하여 하자를 치유하게 됩니다. 지정기간 내에 보정서를 제출하지 않거나, 그 보정서로 하자를 치유하지 못한 경우 해당 서류를 무효로 합니다.

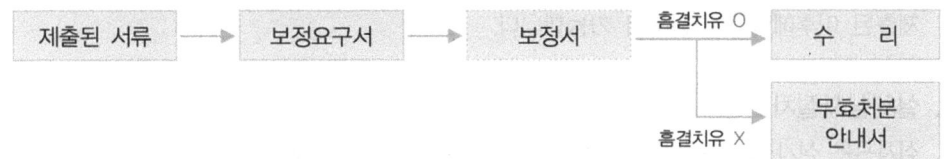

② 치유할 수 없는 흠결 발생

제출된 서류에 대하여 치유할 수 없는 하자가 존재할 경우, 1개월 이내의 기간을 정하여 반려이유통지서를 보냅니다. 출원인은 이에 대하여, 지정기간 내에 반려이유통지서에 따른 소명서를 제출할 수 있습니다. 단, 소명서는 의견만을 제시하는 것으로 이미 제출된 서류의 내용을 변경할 수 있는 것은 아닙니다. 이때 소명이 받아들여지면 제출된 서류는 직권수리하게 됩니다.

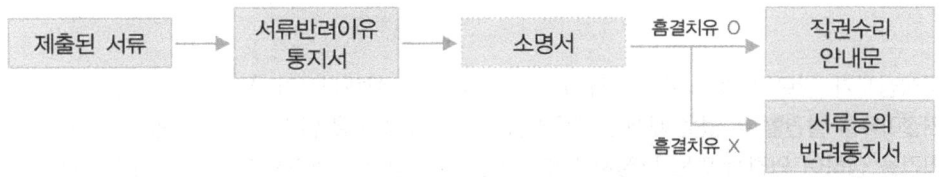

만일, 반려이유통지를 받고 소명서 제출기일 이전에 서류를 반려 받으려면 반려요청서를 제출하여야 합니다.

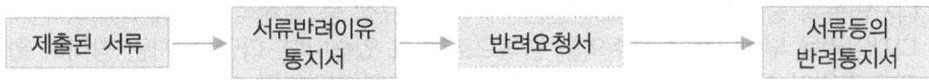

3. 실체심사

실체심사란 출원이 특허(등록)받을 수 있는 요건을 만족하는지 여부 등을 심사하는 것입니다.

① 특허·실용신안출원

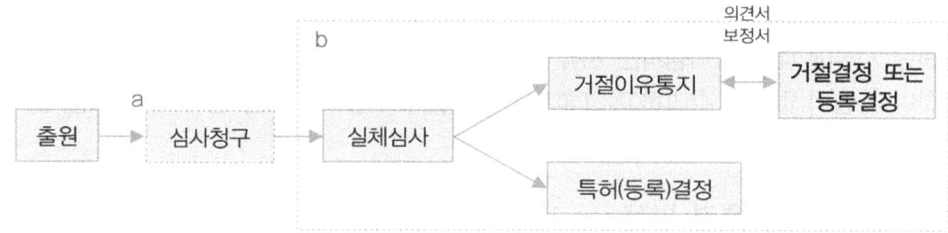

a. 심사청구

특허·실용신안에 대한 심사는 심사청구가 있을 때에 수행하며, 심사순서는 심사청구순서에 의합니다. 심사청구는 출원인은 물론 제3자도 할 수 있으며, 출원과 동시에 또는 출원 후 일정기간 내에(3년) 심사청구 및 심사청구료를 납부하여야 합니다. 다만, 출원서에 청구범위가 기재된 명세서가 제출된 이후에만 심사청구가 가능합니다.

b. 실체심사절차

심사관은 심사결과 특허(등록)결정서나 거절결정서를 출원인에게 통지합니다. 단, 심사관은 거절결정을 하고자 할 때에는 거절이유를 통지(최초거절이유통지, 최후거절이유통지)하고, 일정한 기간을 정하여 의견서 또는 보정서 제출 기회를 부여합니다.

② 디자인심사등록출원

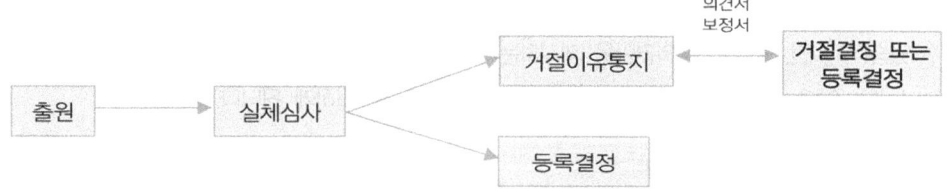

방식심사가 완료된 출원서에 대해 출원순서에 따라 실체심사가 착수됩니다. 심사관이 심사결과 거절이유를 발견할 수 없을 때에는 등록결정을 하며, 거절이유 발견시 그 이유를 출원인에게 통보하고 기간을 정하여 의견서 또는 보정서 제출기회를 부여합니다. 의견서 또는 보정서에 의해 거절이유가 해소되면 등록결정을, 그렇지 못하면 거절결정을 합니다.

③ 디자인일부심사등록출원

디자인등록 출원은 형식적 요건뿐만 아니라 신규성 등 실체적 요건에 대하여 심사하여 디자인권을 부여하는 심사주의를 원칙으로 하고 있습니다. 다만, 디자인 창작이 활성화 되고 출원이 증가됨에 따라 창작된 디자인이 신속히 권리화될 수 있도록 유행성이 강하고 Life cycle이 짧은 일부 물품에 대하여 디자인일부심사 등록제도를 운영하고 있습니다.

※ 일부심사대상물품

1. 디자인보호법 시행규칙 별표 4의 물품류 구분 중 제2류(의류 및 패션잡화 용품), 제5류(섬유제품, 인조 및 천연 시트직물류), 제19류(문방구, 사무용품, 미술재료, 교재)에 속하는 물품

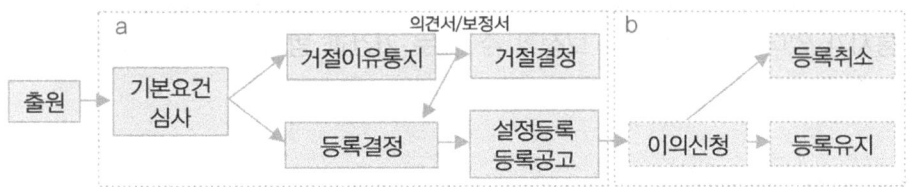

a. 일부심사범위

실체적 등록요건 가운데, 널리 알려진 형상, 모양, 색채 또는 이들의 결합에 의한 용이창작 여부 등에 대하여는 심사하며, 신규성 여부 등에 대하여는 심사하지 않습니다.

b. 이의신청

일부심사로 등록된 디자인권 중에는 실체적 등록요건이 결여된 디자인이 존재할 가능성이 있기 때문에 간편한 행정절차에 의하여 등록을 취소시킬 수 있는 이의신청제도를 운영하고 있습니다. 일부심사등록된 디자인권에 대해 누구든지 설정등록이 있는 날부터 등록공고일후 3개월이 되는 날까지 이의신청을 할 수 있으며, 이의신청이 이유가 있다고 인정될 때에는 심사관 3인 합의체의 취소결정으로 등록디자인권을 조기에 취소할 수 있습니다.

④ 상표등록출원

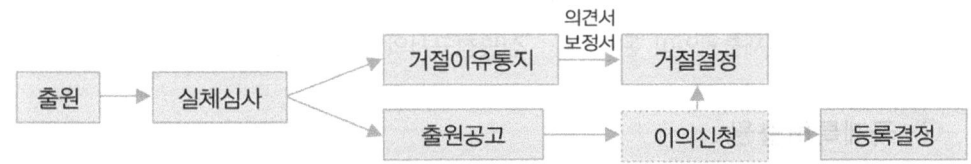

a. 출원공고

상표의 공익성과 출원상표의 다양성에 비해 심사관의 심사만으로는 부족할 수 있으므로 공중에 의한 심사를 하기 위함입니다.

b. 이의신청

출원공고된 상표에 대하여 이의가 있을 때에는 누구나 출원공고일로부터 2개월 이내(연장 불가)에 이의신청을 할 수 있습니다. 심사관은 이의신청이유 등의 보정기간 및 답변서 제출기간이 경과한 후에 이의신청의 이유가 있다고 인정되면 거절결정을, 이유가 없다고 인정되면 등록결정을 하게 됩니다.

4. 보정서(의견서)

출원인은 심사관으로부터 의견제출통지서를 받으면 거절이유를 해소하고자 지정기간 내에 보정서 및 의견서를 제출할 수 있습니다. 또한, 산업재산권법에서는 심사관으로부터 통지가 없더라도 자진해서 보정할 수 있는 기간과 범위를 정하여 제출된 출원서를 보정할 수 있도록 하고 있습니다.

① 특허·실용신안출원

명세서 등 보정서는 출원의 요약서, 명세서 또는 도면을 보정할 때 사용하는 서식으로 제출 가능기간이 엄격하게 제한됩니다.

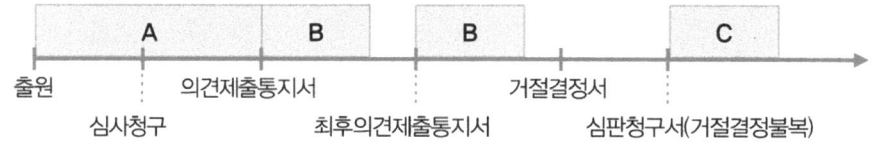

- A구간 : 출원 후 의견제출통지서 발송 전까지 제출가능
  (제출원인이 된 서류 : 출원서의 접수번호를 기재)

- B구간 : 의견제출통지서에 기재된 제출기일까지 제출가능
  (제출원인이 된 서류 : (최후)의견제출통지서의 발송번호를 기재)

- C구간 : 심판청구일로부터 30일까지
  (제출원인이 된 서류 : 심판청구서의 접수번호를 기재)

② 국제특허출원

국제특허출원은 국제출원일에 출원된 것으로 인정되므로 국제출원일 이후에는 특허·실용신안출원의 보정과 동일하다고 하여야 할 것이나, 수수료의 납부 및 번역문 제출 전에는 보정의 대상이 되는 국제출원이 특허청에 계속될 것인지 여부가 확정적이지 아니하고, 국제출원에 대한 번역문의 내용도 확정되지 아니 하므로 보정이 아래와 같이 제한됩니다.

- 국내서면제출기간만료일 이전에 심사청구가 없으면 국내서면제출기간만료일이 기준일이 되고 기준일이 경과하지 않으면 보정서를 제출할 수 없습니다

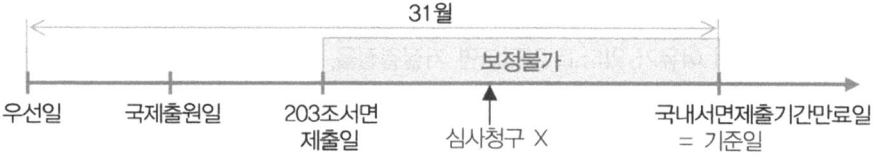

- 국내서면제출기간만료일 이전에 심사청구가 있으면 심사청구일이 기준일이 되고 심사청구일 전에는 보정서를 제출할 수 없습니다.

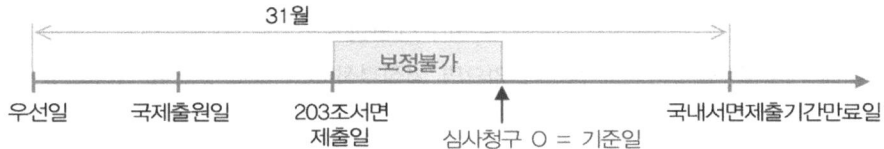

③ 디자인심사등록출원

출원서의 기재사항, 관련디자인과 단독디자인 상호간의 변경, 일부심사등록 출원과 심사등록 출원 상호간의 변경 등을 보정하는 경우로 제출가능기간이 엄격하게 제한됩니다.

- A 구간 : 출원 후 등록결정서 또는 거절결정서 발송 전까지 제출가능
  (제출원인이 된 서류 : 출원서의 접수번호를 기재, 의견제출통지서 발송 후 제출기일 내에 의견제출통지서의 발송번호 기재)

- B 구간 : 심판(거절불복)청구일로부터 30일까지
  (제출원인이 된 서류 : 심판청구의 접수번호를 기재)

④ 상표등록출원

지정상품 또는 상표견본을 보정하는 출원서등 보정서는 제출가능기간이 엄격하게 제한됩니다.

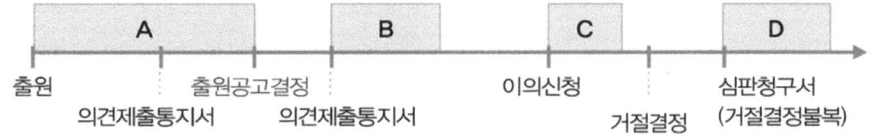

- A구간 : 출원 후 출원공고 전까지
  (제출원인이 된 서류 : 의견제출통지서 수령 전에는 출원서의 접수번호를 기재, 의견제출통지서 수령 후 제출기일 내에는 의견제출통지서의 발송번호 기재)

- B구간 : 출원공고 후 의견제출통지서가 송달되면 의견제출기일까지
  (제출원인이 된 서류 : 의견제출통지서의 발송번호 기재)

- C구간 : 이의신청이 있다면 이의신청에 대한 답변서 제출기간 내
  (제출원인이 된 서류 : 이의신청서에 대한 부분송달서의 발송번호를 기재)

- D구간 : 심판(거절불복)청구일로부터 30일까지
  (제출원인이 된 서류 : 심판청구의 접수번호를 기재)

5. 등록/거절결정

① 보정서를 통하여도 등록을 받을 수 있는 요건을 만족하지 못하면 심사관은 거절결정을 합니다. 출원인은 거절결정의 등본을 송달받은 날로부터 30일 이내 심판원에 거절결정불복심판을 청구할 수 있습니다. 기간 내에 거절결정불복심판의 청구가 없으면 거절결정이 확정된 것으로 봅니다.

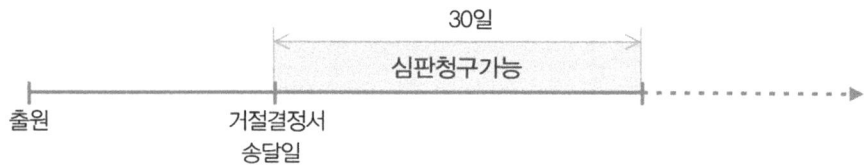

② 출원발명이 특허요건을 만족하는 것으로 인정되는 경우, 등록결정을 합니다. 등록결정이 되면 등록결정서에 함께 송부된 납입고지서로 등록료와 등록세를 납부함으로써 특허권의 효력이 발생하게 됩니다.

〈 특허 · 등록료의 납부기간 〉

권리별	정상납부기간	추가납부기간
특 허 실용신안 디 자 인	특허(등록)결정 또는 등록심결의 등본을 받은 날부터 3월 이내	정상납부기간을 경과한 날부터 6월 이내
상 표 (지정상품 추가등록 포함)	등록결정 또는 등록심결의 등본을 받은 날부터 2월 이내	추가납부 기간이 없고, 납부기간 연장제도가 있음(30일 이내)

IV. 이럴 때는 이런 서식으로

1. 다양한 출원절차

① 변경출원

출원 시에 권리를 잘못 선택하여 출원하였다면 올바른 권리로 변경출원할 수 있습니다. 특허 ↔ 실용신안, 상표·단체표장·증명표장 간, 그리고 지정상품추가등록출원을 상표등록출원으로 변경출원할 수 있습니다. 변경출원을 하면 선출원일에 출원한 것으로 인정되고 선출원은 취하간주 됩니다.

단, 단독디자인 ↔ 관련디자인, 디자인심사 ↔ 디자인일부심사간의 변경은 출원서의 보정을 통해서 가능하며 이 경우의 디자인등록 출원은 그 보정서를 제출한 때에 디자인등록출원을 한 것으로 봅니다.

특허법 제53조, 실용신안법 제10조,
디자인보호법 제48조, 상표법 제44조

출원서
(특칙 별지 제3호, 실칙 제1호,
 상칙 제3호 서식)
출원서등 보정서(디칙 별지 제2호 서식)

② 분할출원

2 이상의 발명(디자인, 지정상품)을 하나의 출원으로 한 경우 그 일부를 하나 이상의 출원으로 분할할 수 있습니다. 이때, 분할출원의 출원일은 선출원일로 소급됩니다.

특허법 제52조, 실용신안법 제11조,
디자인보호법 제50조, 상표법 제45조

출원서
(특칙 별지 제14호, 실칙 제1호,
 디칙 제3호, 상칙 제3호 서식)

③ 우선권주장 출원

특허출원 등(선출원)을 기초로 하여 당해 선출원을 보다 구체화하거나 개량·추가하는 발명을 한 경우에 이들 발명에 대한 보호의 길을 마련하기 위한 제도로 특허(등록)요건 심사 시 선출원일을 기준으로 심사 합니다

특허법 제54조, 제55조
디자인보호법 제51조, 상표법 제46조

출원서 제출 시 우선권주장

2. 출원인(발명자) 관련

① 특허고객번호를 신청할 때

특허에 관한 절차를 밟기 위하여 모든 서류에 제출인의 성명 및 고유번호(특허고객번호)를 기재합니다. 특허고객번호 신청 시에는 사용할 인감도 첨부합니다.

 특허법시행규칙 제9조

 특허고객번호부여신청서
(특칙 별지 제4호 서식)

② 출원인의 개인정보를 변경할 때

특허고객번호를 부여받은 출원인이 성명, 주소, 인감, 전화번호 등을 변경하고자 할 때 제출합니다.

 특허법시행규칙 제9조

 특허고객번호정보변경신고서
(특칙 별지 제5호 서식)

③ 해당 출원에 본인의 다른 특허고객번호를 사용하고자 할 때

동일한 출원인이 특허고객번호를 이중으로 부여받아 이를 하나로 정정하려고 하는 경우에 동일한 출원인임을 증명하는 서류를 첨부하여 제출합니다.

 특허법시행규칙 제9조

 특허고객번호정정신고서
(특칙 별지 제5호 서식)

④ 공동출원인 중 대표자를 선임(해임)할 때

출원인이 여러 명일 때는 대표자를 선임할 수 있으며, 출원인이 전부 날인한 대표자임을 증명하는 서류를 첨부하여 제출합니다.

 특허법시행규칙 제6조

 대표자선임(해임)신고서
(특칙 별지 제2호 서식)

⑤ 발명자(고안자, 창작자) 정정을 할 때

출원 시 착오로 인하여 출원서의 발명자를 정정하려고 할 때 특허여부결정 전까지 추가 또는 정정할 수 있습니다. 다만, 발명자의 기재가 오기임이 명백한 경우에는 특허여부결정 이후에도 정정할 수 있습니다.

 특허법시행규칙 제28조
실용신안법 시행규칙 제7조
디자인보호법 시행규칙 제50조

 출원서등 보정서
(특칙 별지 제9호 서식,
디칙 별지 제2호 서식)

⑥ 출원 중인 권리를 타인에게 양도할 때

출원 중인 권리를 타인에게 일부 또는 전부양도 할 때, 양도증 및 인감증명서 등을 첨부하여 제출합니다. 참고로 출원인지분변경신고서는 출원인의 변경 없이 출원인들의 지분만 변경할 때 사용하는 서식입니다.

 특허법 제37조
특허법 시행규칙 제26조

 권리관계변경신고서
(특칙 별지 제20호 서식)

3. 심사 관련

① 심사청구 할 때

심사청구는 청구범위가 기재된 명세서가 첨부된 때에 한하여 할 수 있습니다. 특허출원이 된 후에는 누구든지 심사청구를 할 수 있습니다. 출원과 동시에 또는 출원 후 일정기간 내에(3년) 심사청구 및 심사청구료를 납부합니다. 이 기간 내에 심사청구가 없을 때에는 특허출원이 취하된 것으로 봅니다. 출원서 작성 시 심사청구하고 수수료를 납부하였다면 별도의 심사청구서는 제출하지 않습니다.

 특허법 제59조
실용신안법 제12조

 심사청구서
(특칙 별지 제22호 서식)

② 빠른 심사를 원할 때

우선심사 신청은 다른 출원에 우선하여 심사받기 위하여 신청합니다. 특허 · 실용신안등록 출원은 특허 · 실용신안 우선심사의 신청에 의한 고시 제4조에, 디자인등록 출원은 디자인 우선심사의 신청에 관한 고시 제4조에, 상표등록 출원은 상표등록 출원의 우선심사 신청에 관한 고시 제4조에 신청 대상을 규정하고 있습니다.

 우선심사의 신청에 관한 고시

 우선심사신청서
(특칙 별지 제22호 서식)

③ 늦은 심사를 원할 때

개발된 기술의 사업화 시기나 시장성 조사 등으로 인해 일반심사보다 늦게 심사받고자 하는 출원인은 심사유예신청을 할 수 있습니다. 심사유예신청제도를 활용하면 정확한 특허심사 시기를 미리 결정할 수 있고, 발명이 조기 공개되거나 특허(등록)유지비용이 증가하는 것도 사전에 방지할 수 있습니다. 늦은 심사를 위해서는 심사청구 시 또는 심사청구일부터 9개월 이내에 유예희망시점을 기재하여 심사유예신청을 하여야 합니다.

 특허법 시행규칙 제40조의3
실용신안법 시행규칙 제10조의3

 심사유예신청서
(특칙 별지 제22호의2 서식)

④ 심사관의 의견제출 통지를 받았을 때

심사관이 지정한 의견제출통지에 대하여는 의견서 또는 보정서를 제출할 수 있습니다.

〈의견서〉

 특허법 시행규칙 제41조
디자인시행규칙 제59조
상표법 시행규칙 제50조

 거절이유통지에 따른 의견서
(특칙 별지 제24호, 디칙 별지 제1호,
상칙 별지 제2호 서식)

〈보정서〉

 특허법 시행규칙 제13조
디자인시행규칙 제26조
상표법 시행규칙 제32조

 명세서등 보정서 (특칙 별지 제9호서식),
도면등 보정서 · 출원서등보정서(디칙 별지
제2호서식), 상표견본의 보정서 · 출원서등
보정서(상칙 별지 제5호 서식)

4. 기간 관련

① 지정기간을 연장할 때

심사관이 지정한 의견제출통지에 대한 의견제출기간, 보정요구서에 대한 보정기간 등 지정기간을 연장하는 경우에 제출합니다. 연장횟수에 따라 차등하여 수수료를 납부하여야 하며 일부 지정기간의 경우 연장횟수에 제한이 있으므로 유의하여야 합니다

 특허법 시행규칙 제16조

 지정기간연장신청서
(특칙 별지 제10호 서식)

② 지정기간을 단축할 때

심사관이 지정한 의견제출통지에 대한 의견제출기간, 보정요구서에 대한 보정기간 등이 아직 경과되지 않았는데, 절차를 빨리 진행하고자 할 때 제출합니다. 수수료는 없으며, 지정기간단축 후에는 이를 취소할 수 없으므로 유의하여야 합니다

 특허법 시행규칙 제16조

 지정기간단축신청서
(특칙 별지 제10호 서식)

③ 서류반려이유통지서를 받고 소명 없이 빨리 반려 받고자 할 때

서류반려이유를 통지받고 소명기간 내에 소명 없이 제출한 서류를 반려 받고자 하는 경우 제출하는 서류입니다. 반려요청서가 제출되면 소명기간이 남아있어도 해당 서류를 반려할 수 있게 되어 절차가 신속히 진행되게 됩니다.

 특허법 시행규칙 제11조
실용신안법 시행규칙 제17조
디자인보호법 시행규칙 제24조
상표법 시행규칙 제25조

 서류반려요청서
(특칙 별지 제8호 서식)

④ 법정기간을 연장할 때

법정기간이란 법률상 허용된 기간으로 거절결정 등에 대한 불복심판 청구기간 또는 이의신청 이유 등의 보정기간의 연장을 신청할 때 제출합니다.

 특허법 제15조
실용신안법 제3조
디자인보호법 제17조
상표법 제17조

 법정기간연장신청서
(특칙 별지 제10호 서식)

5. 출원 공개 및 취하(포기)

① 조기공개신청

출원 공개일(출원일부터 1년6개월)이 경과하기 전에 출원인의 신청에 의해 청구범위가 기재된 명세서가 첨부된 때에 한하여 일반에 공표하는 제도입니다. 조기공개 후 국내우선권주장의 이용이 제한되는 등 제한이 있을 수 있습니다. 취하하려면 조기공개신청서 제출일 부터 10일 이내에 취하서를 제출합니다.

특허법 제64조
실용신안법 제15조

조기공개신청서
(특칙 별지 제25호 서식)

② 디자인등록출원 공개

디자인등록출원에 대한 공개를 신청하는 경우 제출합니다. 취하하고자 하는 경우는 신청서를 제출일부터 10일 이내에 취하서를 제출합니다.

디자인보호법 시행규칙 제48조

디자인등록출원공개신청서
(디칙 별지 제6호 서식)

③ 비밀디자인청구

출원인이 디자인을 비밀로 하려면 출원 시 또는 출원 후 비밀디자인청구서를 제출합니다. 디자인권의 설정등록일부터 3년 이내의 기간을 정하여 그 디자인을 비밀로 할 것을 청구할 때 제출하며, 디자인비밀기간은 연장(단축)할 수 있습니다.

디자인보호법 제43조
디자인보호법 시행규칙 제39조

비밀디자인청구서
(디칙 별지 제7호 서식)

④ 출원을 취하(포기)할 때

계속 중인 출원 건을 취하(포기)할 때 제출합니다. 공동출원인의 경우 반드시 출원인 전원이 제출하여야 합니다. 취하는 출원절차를 출원 시에 소급하여 소멸시키는 의사표시이며, 출원공개 전이라면 동일한 내용을 다시 출원하여 등록받을 수 있습니다. 포기는 출원절차를 장래에 대하여 소멸시키는 의사표시입니다.

특허법 시행규칙 제19조
실용신안법 시행규칙 제17조
디자인보호법 시행규칙 제33조
상표법 시행규칙 제12조

취하(포기)서
(특칙 별지 제12호 서식)

6. 서류제출 및 정보제공

① 온라인출원 시 첨부하지 못한 서면서류 및 물건을 제출할 때

온라인출원 시 첨부해야 할 서류를 첨부하지 않은 경우는 3일 이내에 '전자문서첨부서류 등 물건제출서'에 첨부하여 서면으로 제출합니다. 또한 CD를 비롯한 전자적 기록매체나 기타 물건을 제출할 경우에도 작성합니다.

 특허법 시행규칙 제9조의5

 전자문서첨부서류 등 물건제출서
(특칙 별지 제7호 서식)

② 타인의 출원에 대한 정보제공

타인의 출원에 대하여 거절되어야 한다는 취지의 정보제공을 할 때 사용하는 서식입니다. 정보제출서가 제출되면 심사관은 제출된 정보에 대한 심사인용여부를 통보하여야 합니다.

 특허법 제63조의2
실용신안법 제15조
디자인보호법 제55조
상표법 제49조

 출원에 대한 정보제출서
(특칙 별지 제23호 서식)

③ 본인의 출원에 대하여 참고자료 제출

출원인이 심사 또는 심판과 관련하여 참고자료를 제출하려는 경우 사용하는 서식입니다.

 특허법 시행규칙 제37조의3
실용신안법 시행규칙 제17조
디자인보호법 시행규칙 제55조
상표법 시행규칙 제47조

 참고자료제출서
(특칙 별지 제23호 서식)

④ 우선심사신청 관련 보완요구서를 받았을 때

우선심사신청서와 관련하여 심사관으로부터 보완요구서를 받고 우선심사신청 절차를 보완하고자 하는 경우에 제출합니다.

 우선심사의 신청에 관한 고시
제5조제2항

 우선심사신청 관련 서류제출서
(우선심사의 신청에 관한 고시
별지 제1호 서식)

V. 알면 편리한 TIP

1. 방식심사를 빨리 진행하고자 할 때

① 특허로 온라인출원을 이용합니다. 우편접수 시에는 송달, 분류, 전자화에 추가적인 기간이 소요됩니다.

② 서식 작성 시에 올바른 서식여부, 출원인, 출원번호, 제출원인이 되는 서류의 발송(접수) 번호를 확인합니다.

③ 필요한 첨부서류를 확인하고 서지사항 해당 부분에 실제 첨부된 서류의 명칭을 기재요령에 맞게 기재합니다.

④ 중복제출하지 않았는지 확인합니다.
   → 서류가 중복 제출되면 중복서류에 대한 처리기간이 추가로 소요됩니다

⑤ 수수료를 납부합니다(온라인 지로납부 권장).

2. 심사결과를 빨리 받고자 할 때(우선심사신청)

① 심사청구 되었는지 확인합니다(청구범위가 없는 경우 심사청구 되지 않음).

② 우선심사신청서를 작성하고, 우선심사설명서가 첨부되었는지 확인합니다.
   → 우선심사신청 설명서로 우선심사의 이유가 충족되지 않으면 심사관의 보완요구서가 발송됩니다. 이 경우 「우선심사신청 관련 서류제출서」를 작성하여 제출합니다.

③ 수수료를 납부합니다.

※ 우선심사신청 대상

   ① 특허·실용신안 : 심사청구가 있는 출원으로 다음 각 호의 어느 하나에 해당하는 출원

      1. 출원공개 후 제3자가 업으로서 출원된 발명을 실시하고 있는 것으로 인정되는 출원

      2. 우선심사의 신청을 하려는 자가 출원된 발명에 관하여 직접 선행기술을 조사하고 그 결과를 특허청장에게 제출한 경우로서 특허·실용신안 우선심사의 신청에 관한 고시 제4조 제2호 각 목의 어느 하나에 해당되어 긴급처리가 필요한 출원

   ② 디자인 : 출원 시 또는 출원 중에 있는 출원으로 다음 각 호의 어느 하나에 해당하는 출원

      1. 출원공개 후 디자인등록출원인이 아닌 자가 업으로서 출원된 디자인을 실시하고 있다고 인정되는 경우

      2. 디자인보호법 시행령 제6조에서 정하는 출원으로 긴급처리가 필요하다고 인정되는 경우로 디자인 우선심사의 신청에 관한 고시 제4조 제2호 각 목의 어느 하나에 해당되는 경우

③ 상표 :

1. 출원인이 출원한 상표를 지정상품 전부에 대하여 사용하고 있거나 사용할 준비를 하고 있음이 명백한 경우

2. 출원 후 출원인이 아닌 자가 정당한 사유 없이 업으로서 출원된 상표와 동일 또는 유사한 상표를 동일 또는 유사한 지정상품에 사용하고 있다고 인정되는 경우로서 상표등록 출원의 우선심사 신청에 관한 고시 제4조 제2호 각목의 어느 하나에 해당되는 경우

3. 출원인으로부터 출원된 상표와 동일 또는 유사한 상표를 동일 또는 유사한 지정 상품에 사용하는 것으로 인정된다는 이유로 「상표법」 제58조제1항에 따라 서면 경고를 받은 경우 근거가 되는 출원

4. 출원인이 다른 출원인으로부터 그 출원인의 출원된 상표와 동일 또는 유사한 상표를 동일 또는 유사한 지정상품에 사용한다는 이유로 「상표법」 제58조제1항에 따라 서면 경고를 받은 경우 해당 출원

5. 「상표법」 제167조의 마드리드 의정서에 따른 국제출원의 기초가 되는 출원을 한 경우로서 마드리드 의정서에 따른 국제등록일 또는 사후 지정일이 국제등록부에 등록된 경우 해당 출원

6. 「조달사업에 관한 법률」 제9조의2제1항제2호에 따른 중소기업자가 공동으로 설립한 법인이 단체표장을 출원한 경우

7. 조약에 따른 우선권 주장의 기초가 되는 출원을 한 경우로서 외국 특허기관에서 우선권주장을 수반한 출원에 관한 절차가 진행 중인 경우 해당 출원

8. 존속기간 만료로 소멸한 등록상표의 상표권자가 출원을 한 경우로서 그 표장과 지정상품이 존속기간 만료로 소멸한 등록상표의 표장 및 지정상품과 전부 동일한 경우 해당 출원

3. 권리관계변경신고서 작성 시 유의할 점

① 권리관계변경신청서의 출원 번호, 양도인과 양수인, 변경원인(예: 일부양도, 전부양도)을 확인합니다.

② 양도증의 출원 번호, 양도인과 양수인의 인적사항, 변경원인이 일치하는지 확인합니다.

③ 인감증명서(6개월 이내)의 인감과 양도인 인감의 일치여부를 확인합니다.

④ 수수료를 납부합니다.

⑤ 양도증을 공증받는 경우, 인감증명서는 첨부하지 않아도 됩니다.

4. 맞춤형 심사 제도

특허출원인은 자신이 원하는 시기에 특허심사를 받을 수 있게 되었습니다. 빠른 심사, 일반심사, 늦은 심사의 세 가지 서비스 중 하나를 자신의 특허전략에 따라 원하는 시기에 특허심사를 받을 수 있는 제도입니다.

① 빠른 심사 : 우선심사를 통해 누구나 이용 가능하며, 신청 후 약 2~3개월 이내에 실체심사를 받을 수 있습니다.

② 일반 심사 : 심사청구 후 대략 10개월 이내에 실체심사를 받을 수 있습니다.

③ 늦은 심사 : 개발된 기술의 사업화 시기나 시장성 조사 등으로 인해 일반심사보다 늦게 심사 받고자 하는 특허 출원인을 위한 것입니다. 심사유예신청제도를 활용하면 정확한 특허심사 시기를 미리 결정할 수 있고, 발명이 조기공개 되거나 특허유지비용이 증가하는 것도 사전에 방지할 수 있습니다. 늦은 심사를 위해서는 심사청구 시 또는 심사청구일부터 9개월 이내에 유예희망시점을 기재한 심사유예신청서를 제출하여야 합니다.

예) 심사 청구일부터 30개월이 지난 때에 특허출원에 대한 심사를 받으려는 때
　　[유예희망시점] 심사청구일 후 24개월이 지난 때부터 (6)개월

Korean
Intellectual
Property
Office

실전, 온라인 출원 2

전자출원을 통해 출원서류를 작성하고, 출원절차를 진행하는 경우 시간적·경제적인 이익은 물론 실수도 줄일 수 있으므로 전자출원을 적극 활용하기 바랍니다.

누구나 이용하기 쉬운 **출원 실전 가이드북** ▶▶▶▶▶▶▶▶

제2편 실전, 온라인 출원

I. 온라인 출원 절차 안내도

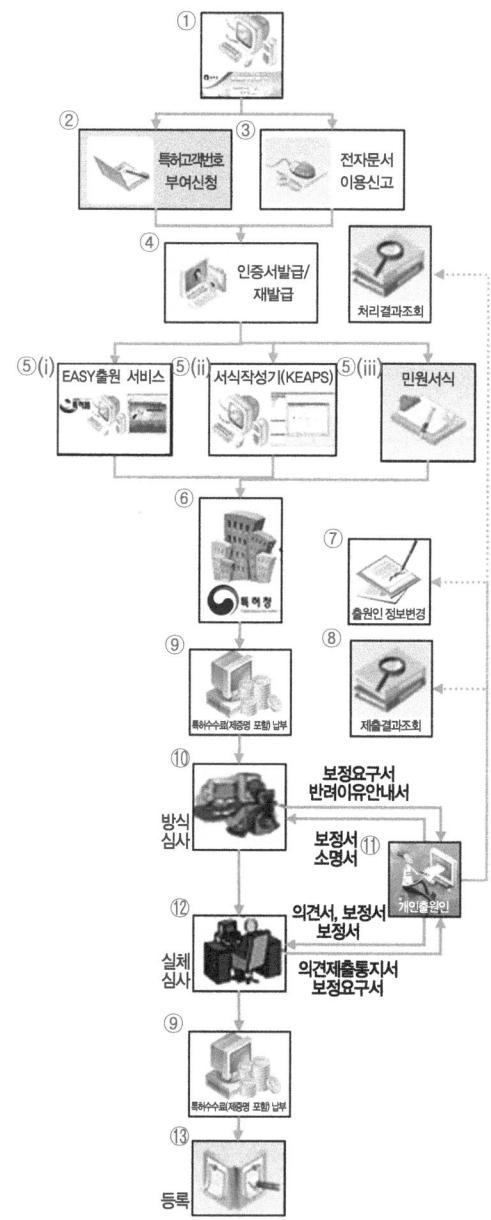

① 특허청의 '특허로' 접속
(www.patent.go.kr)

② 특허고객번호부여 신청   p.27

③ 인증서 사용등록 처리결과 조회   p.31

④ 온라인 인증서 발급   p.31
    공인 인증서   p.31

⑤ 출원
(i) Eaey출원 Service를 이용한 출원   p.40
(ii) 전자출원 SW(서식작성기)를
    이용한 출원   p.58
(iii) 서식다운로드를 이용한 출원   p.75

⑥ 특허청에 문서제출   p.69

⑦ 출원인 정보변경 신청   p.37
(필요한 경우)

⑧ 출원서류 제출결과 조회   p.79

⑨ 수수료 납부   p.73

⑩ 방식심사

⑪ 틀리기 쉬운 서식 기재사항(오답노트)   p.81
    발송통지서에 대한 서류 제출   p.90

⑫ 실체심사

⑬ 등록

II. 사용자 등록(변경) 절차안내

1. 특허고객번호 부여 신청

① 특허고객번호 부여 신청

a. 특허를 받기 위한 출원인 식별 아이디로 특허 등의 절차를 밟고자 하는 출원인은 사전에 특허고객번호를 부여 받아야 특허 등 절차를 진행할 수 있습니다.

b. 특허고객번호부여 신청 시에는 미리 사용 인감 이미지(JPEG 포맷)를 준비하여 첨부해야 합니다.

② 특허고객번호 부여 신청 절차

a. 특허청 홈페이지(www.kipo.go.kr)의 특허로(온라인출원서비스)를 클릭합니다.

b. 특허로의 사용자 등록/변경신청을 클릭하면 특허고객번호부여 신청화면으로 이동합니다.

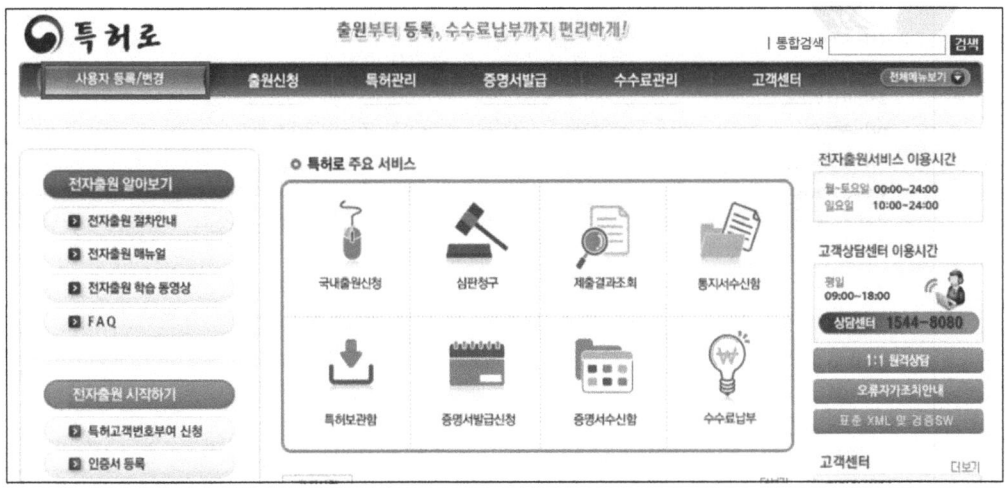

c. 특허고객번호부여신청을 클릭하면 신청화면으로 이동합니다.

d. 특허로 통합설치 프로그램을 다운로드하여 설치한 후 다음을 클릭하여 이동합니다.

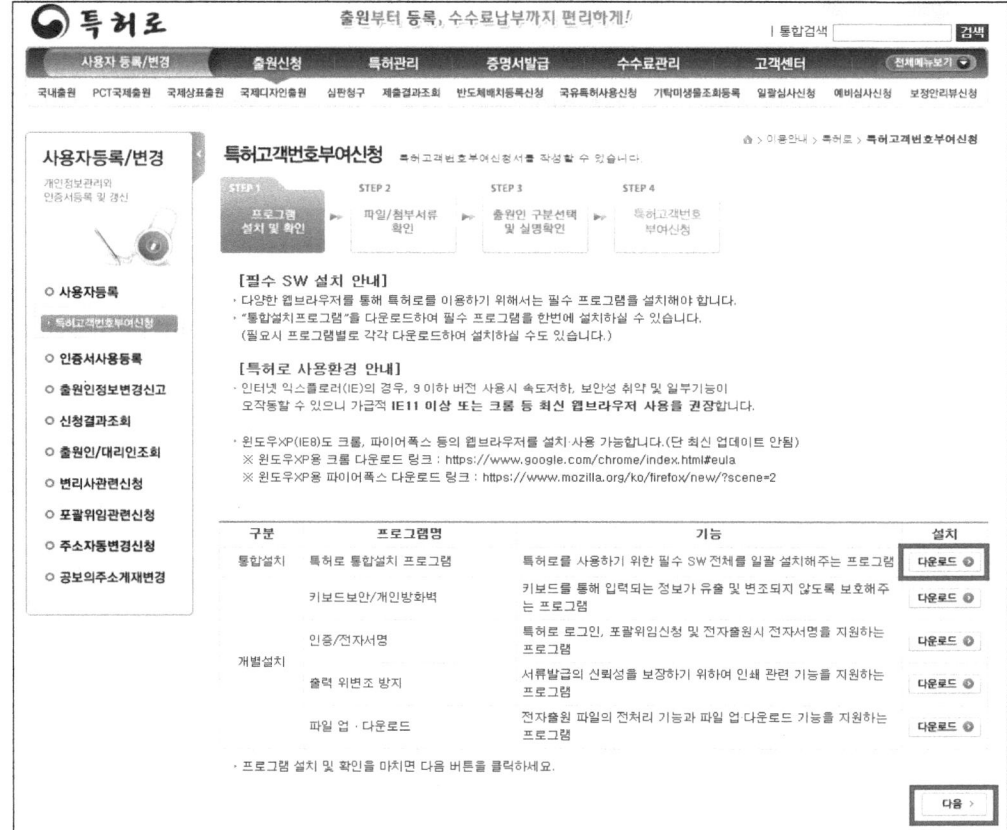

e. 파일 및 첨부서류가 전자파일로 구비가 되어있는지 확인 후 다음을 클릭하여 이동합니다.

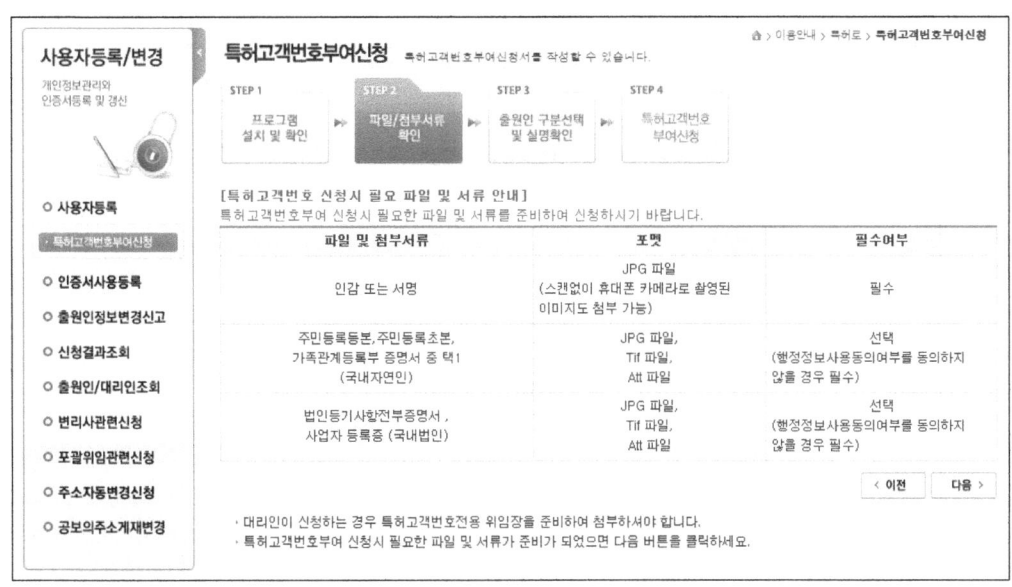

f. 특허고객번호 부여신청서 작성 전 출원인 유형을 선택 후, 유형별 실명확인을 위한 기본정보 (예: 주민등록번호, 성명)를 입력해주시기 바랍니다.

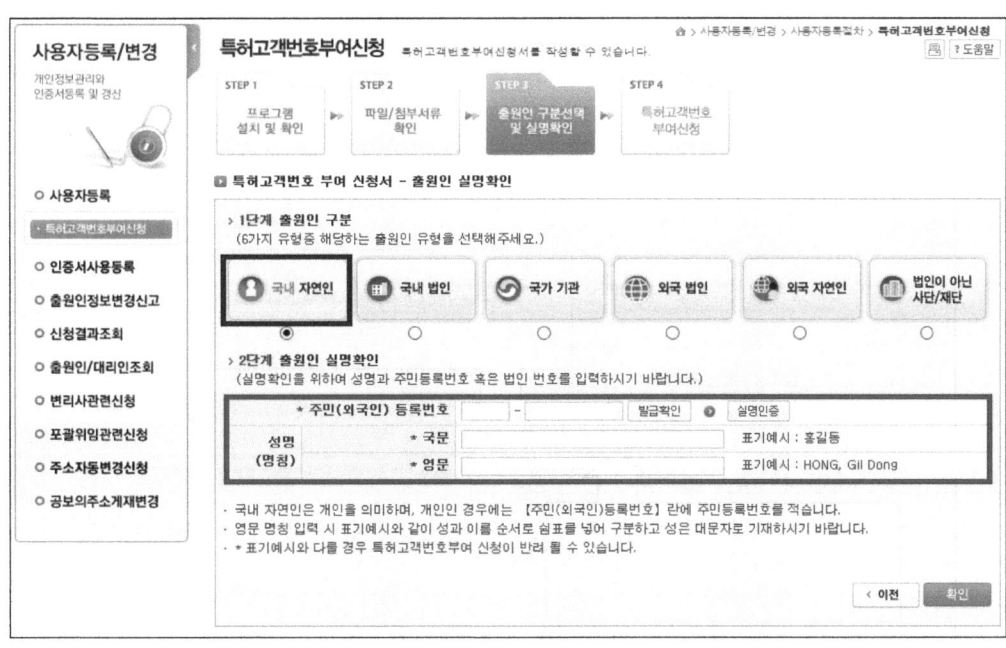

g. 특허고객번호 부여 신청서상 필요한 정보를 기입(*표시는 필수 기재)한 후, 신청 버튼을 클릭하여 신청해 주시기 바랍니다.

▶ **특허고객번호 부여 신청서 - [특허법시행규칙 별지 제4호 서식]** [예시]

출원인 정보		
* 출원인구분	국내자연인 ▼ · 출원인구분 선택시 도움말의 "출원인구분" 참조.	
* 주민(법인) 등록번호	☐ - ●●●●●●●	
성명(명칭)	* 국문	
	* 영문	
* 인감도장/서명	[서명이미지첨부] [삭제]	인감 또는 서명 이미지 필수 첨부
	[인감도장이미지첨부] [삭제]	· 인감도장은 동사무소에 신고된것이 아니어도 무방합니다. · 국내자연인 - 인감, 서명 중 최소 한가지 등록 · 국내법인 - 인감만 등록 · 인감(서명)이미지는 선명하고 식별이 가능하도록 준비 · 스캔없이 휴대폰 카메라로 촬영된 이미지도 첨부 가능
주소	* 우편번호 ☐ [도로명검색]	
	* 국문 · 정확한 행정처리를 위해 주소를 정확히 기재하여 주시기 바랍니다.	
	영문	
* 주소자동변경	전입신고에 따른 특허고객번호 주소정보 및 등록명의인 주소표시 자동변경 신청 ○신청 ○신청안함	
송달주소	우편번호 ☐ [도로명검색] · 주소와 송달주소가 동일한 경우 송달주소는 입력하지 않으셔도 됩니다.	
	국문	
* 시도/국적	국내시도선택 ▼ · 시도국적을 주소와 일치(외국코드와 국내코드 중 교포는 제외)시켜 주십시오.	
* 전화번호	☐ - ☐ - ☐ · 전화번호가 없는경우 휴대폰번호를 입력 바랍니다.	
휴대폰	010 ▼ - ☐ - ☐ · 휴대폰번호, 이메일을 입력하시면 연차료 납부(15일전) 안내 등 다양한 서비스를 제공받을 수 있습니다.	
이메일	☐ 수취방법 온라인수령 ▼	
단독출원 가능여부	●가능	
출원번호	10 ▼	
* 행정정보사용동의 여부	· 이 건 ... 49조에 따라 특허청의 ... 를 전자적으로 확인... 동의하십니까? (행정정보공동...의하지 않을 경우 해당구비서류를 ... 서류로 제출하셔야 필요한 사무를 처리하실 수 있습니다.) ○동의 ○동의안함	행정정보사용에 동의하지 않을 경우 구비서류를 제출
* 이메일정보수집 및 이용동의	...에서 본인의 이메일정보를 수집하고 이용하는 것에 동의하십니까? [상세보기 ●] ○동의 ○동의안함	
	...인의 휴대폰정보를 수집하고 이용하는 것에 동의하십니까? [상세보기 ●] ○동의 ○동의안함	
정보	☐ - ☐ - ☐ 성명 ☐	
	증명서류 ☐ [찾아보기] [추가] [삭제] · 도움말의 출원인 유형별 첨부서류 안내 참고.	
* 필수입력 사항		[신청]

행정정보사용에 동의할 경우 구비서류를 제출하지 않는 대신 색인정보를 입력

2. 인증서 사용등록

① 인증서 등록 절차

a. 공인인증서를 사용등록 및 등록취소하기 위해 공인인증서를 선택합니다.
(시중은행에서 발급받은 공인인증서 사용)

b. 부여 받은 특허고객번호를 입력해주시기 바랍니다.

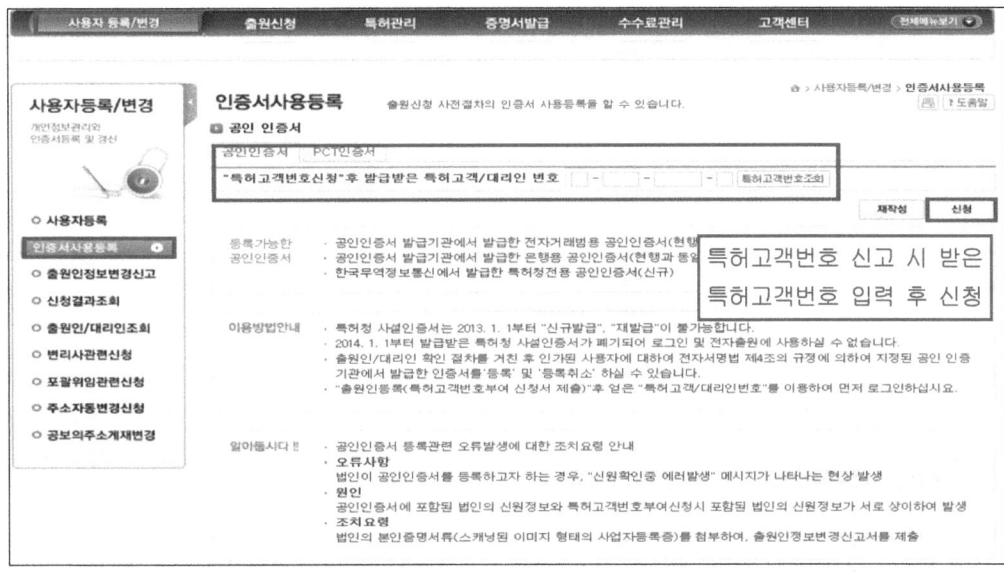

c. 공인인증기관에서 발급받은 인증서를 등록하실 수 있습니다.

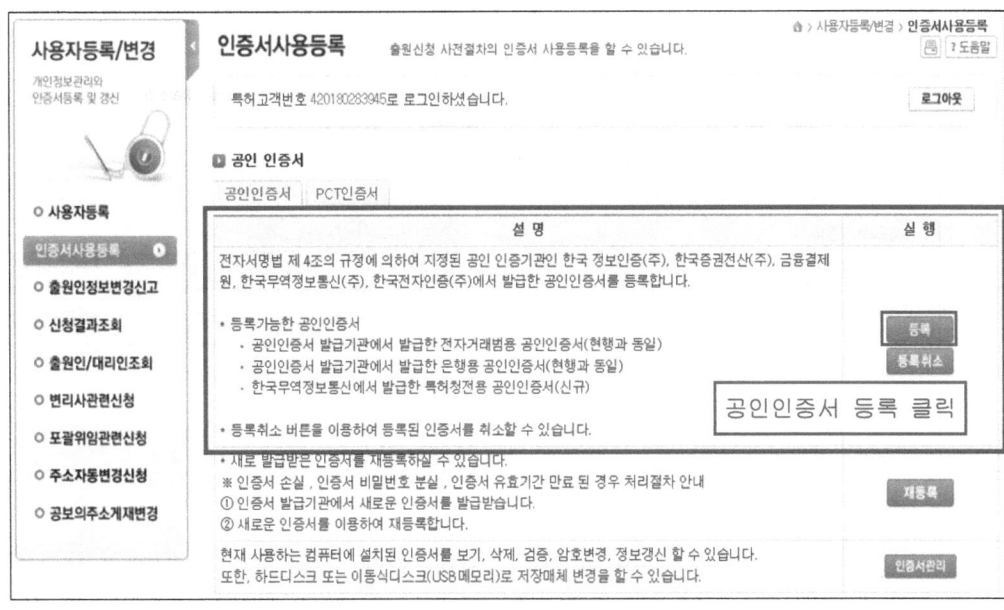

d. 인증서를 찾아 비밀번호 입력 후 '확인' 클릭 후 특허고객번호 맞으면 '확인' 클릭

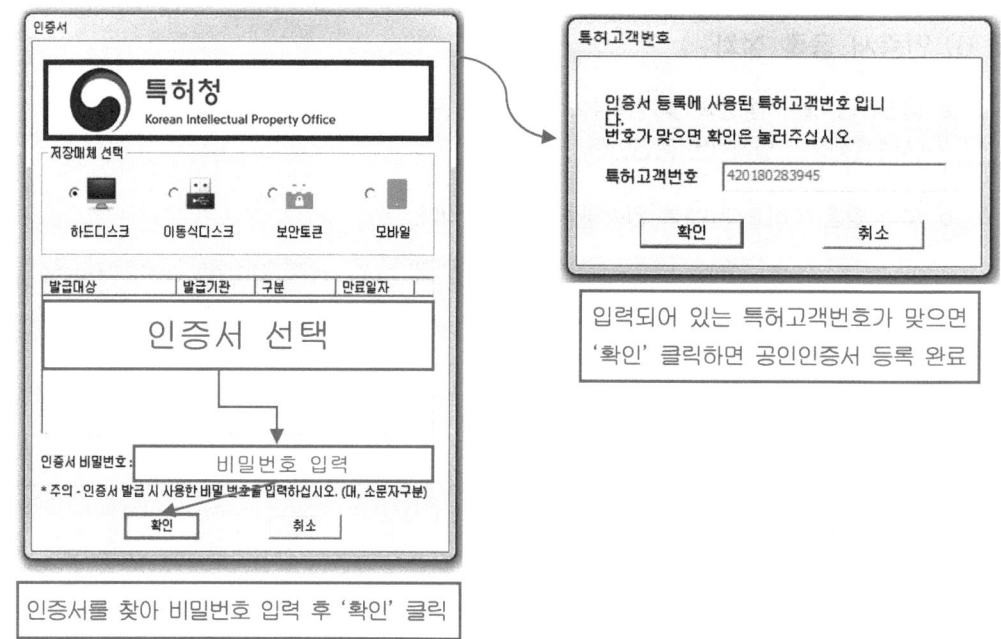

② 사용자등록신청 신청결과 조회

사용자등록신청의 '신청결과조회'를 선택 후 '접수번호로 조회' 또는 '출원인/대리인 정보로 조회'를 입력하면 신청절차에 대한 처리결과를 조회할 수 있습니다.

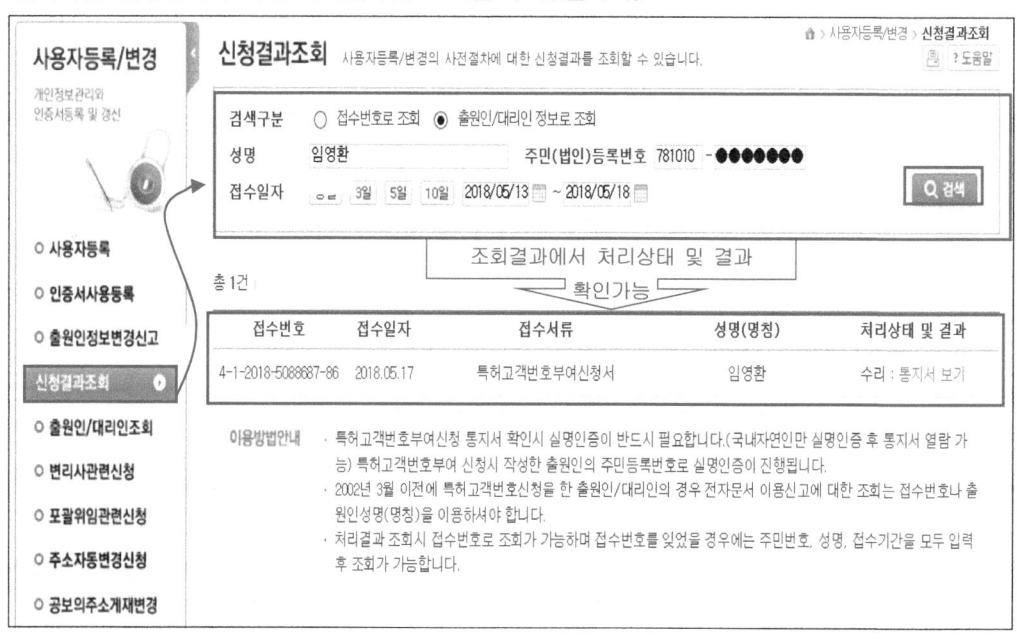

③ PCT 인증서

- 특허인증서는 2013.1.1 부터 발급이 중단되었고, WIPO에서 발급하는 인증서를 발급받아 사용하여야 합니다.
- WIPO 인증서 발급은 아래의 순서에 따라 진행하기 바랍니다.

a. http://www.wipo.int/pct-safe/en/certificates.html 사이트에 접속

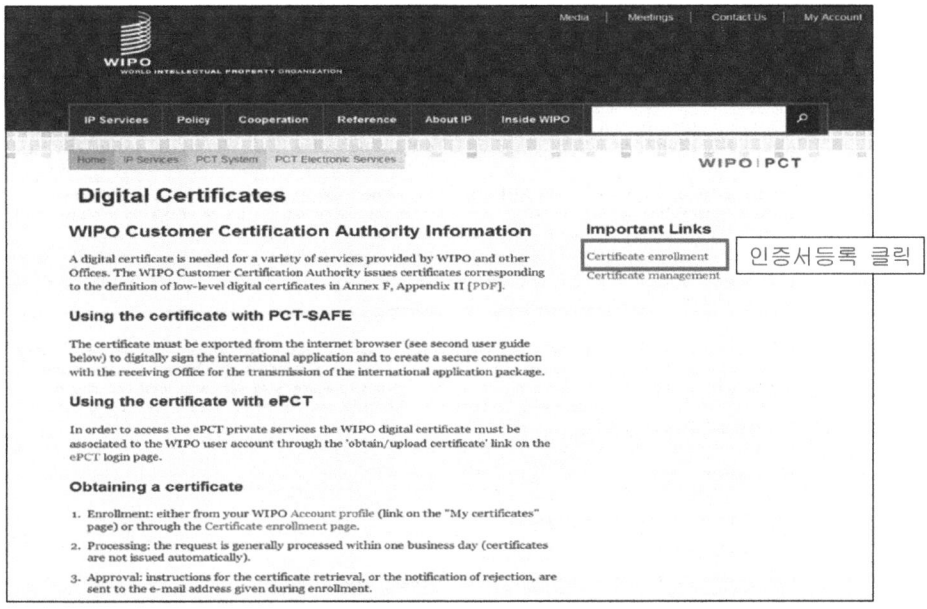

b. 인증서를 양식에 맞게 작성 후 신청

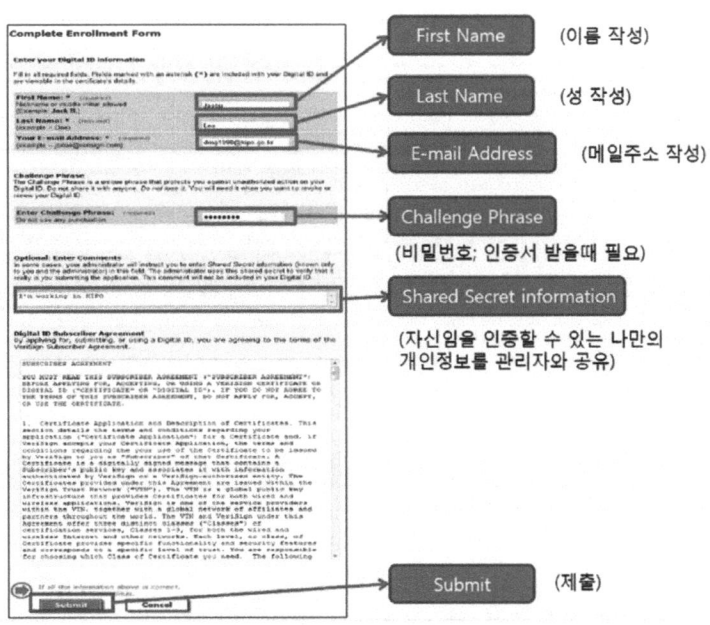

c. 인증서 신청완료 통지

WIPO Digital ID Services

Digital ID Center

Your Digital Certificate request has been submitted for approval

Once your digital certificate request has been approved, you will receive an email with instructions for installing your digital certificate. If you do not receive it shortly, contact your administrator.

Copyright © 1998-2010, V...

Dear Young Hwan Lim,

Thank you for requesting a WIPO digital certificate, which is for use in conjunction with WIPO's PCT services: to sign in to ePCT with strong authentication and to sign and transmit PCT-SAFE applications. If your request is approved, you will receive an e-mail with instructions to pick up your certificate and make a backup copy. Please note that a certificate must be picked up within one week after its approval, and this action can be done only once. Also, the certificate must be picked up using the same browser and computer as used for enrolment.

The supported browsers are Mozilla Firefox and MS Internet Explorer. If you enrolled using a different browser, for example Google Chrome, Edge or Safari, it will not be possible to retrieve the certificate. In this case, or if you have any other questions, please contact the PCT eServices Help Desk by replying to this e-mail.

Every attempt is made to process certificate requests within one WIPO business day (list of WIPO/IB non-working days is available at: http://www.wipo.int/pct/en/closeddates).

ePCT users are also reminded that other, efficient strong authentication methods can now be used instead of WIPO digital certificates: one-time password generated either by a standard app (such as Google Authenticator), or sent by text message (SMS) to your mobile phone. The best practice is to set up at least two strong authentication methods to ensure ePCT access in all circumstances. For details please see 'Strong authentication' on the Support page in ePCT.

PCT eServices

World Intellectual Property Organization (WIPO)
Tel: (+41-22) 338 95 23 | https://pct.wipo.int
Monday to Friday from 9am until 6pm Central European Time

---

d. 개인인증 번호 이메일 통지

Dear YOUNG HWAN LIM,

Your request for a WIPO digital certificate has been approved. It is available to be picked up during one week, please note that this can be done only once. To ensure that no-one else can obtain a digital certificate that contains your personal information, you pick up the certificate from a secure web site using a unique Personal Identification Number (PIN). Please follow these simple steps:

Step 1: Copy/paste the link below to your internet browser (Mozilla Firefox or MS Internet Explorer) to make sure that you are using the same browser and computer as for the enrolment:
https://onsite.verisign.com/services/WorldIntellectualPropertyOrganizationWIPOCustomerCAV2/digitalidCenter.htm

Step 2: Select the option to pick up the ID and in the online form, enter your Personal Identification Number (PIN):
Your PIN is: 1376502578

Step 3: See the instructions on the Digital ID Services page to pick up your WIPO digital certificate and click Submit.

TROUBLESHOOTING FOR FIREFOX USERS: you may receive an alert 'This certificate can't be verified and will not be imported...'. Nevertheless the certificate is usually visible in the browser and can be backed up.

Step 4: After receiving Congratulations! message confirming its generation and availability in the browser, make a backup copy of the certificate, using the Export or Backup option in your internet browser, and keep its password safe. Instructions and videos explaining how to do this are available on the ePCT Support page http://www.wipo.int/pct/en/epct/support.html. Please note that during a transitional period WIPO digital certificates are valid for one year.

Step 5: Advice for ePCT users: Please add the certificate to your account: with the certificate in the browser, sign in with your username and password. If you have not yet set up any strong authentication method, you are redirected to the sign-in without strong authentication page, then proceed via 'Set up your authentication methods'. If you already have strong authentication in your account, sign in with that method first. Then you can upload the digital certificate as an additional strong authentication option. For instructions see www.wipo.int/pct/en/epct/learnmore.html?N=497.

ePCT users are also reminded that other, efficient strong authentication methods can now be used instead of WIPO digital certificates: one-time password generated either by a standard app (such as Google Authenticator), or sent by text message (SMS) to your mobile phone. The best practice is to set up at least two strong authentication methods to ensure ePCT access in all circumstances. For details please see 'Strong authentication' on the Support page in ePCT.

If you have any questions or problems, please contact the PCT eServices Help Desk by replying to this e-mail message.

PCT eServices
World Intellectual Property Organization (WIPO)
Tel: (+41-22) 338 95 23 | https://pct.wipo.int
Monday to Friday from 9am until 6pm Central European Time

If you would like to provide feedback on our service, please access our brief survey at https://www3.wipo.int/opinio/s?s=903

e. 인증서 ID를 받기

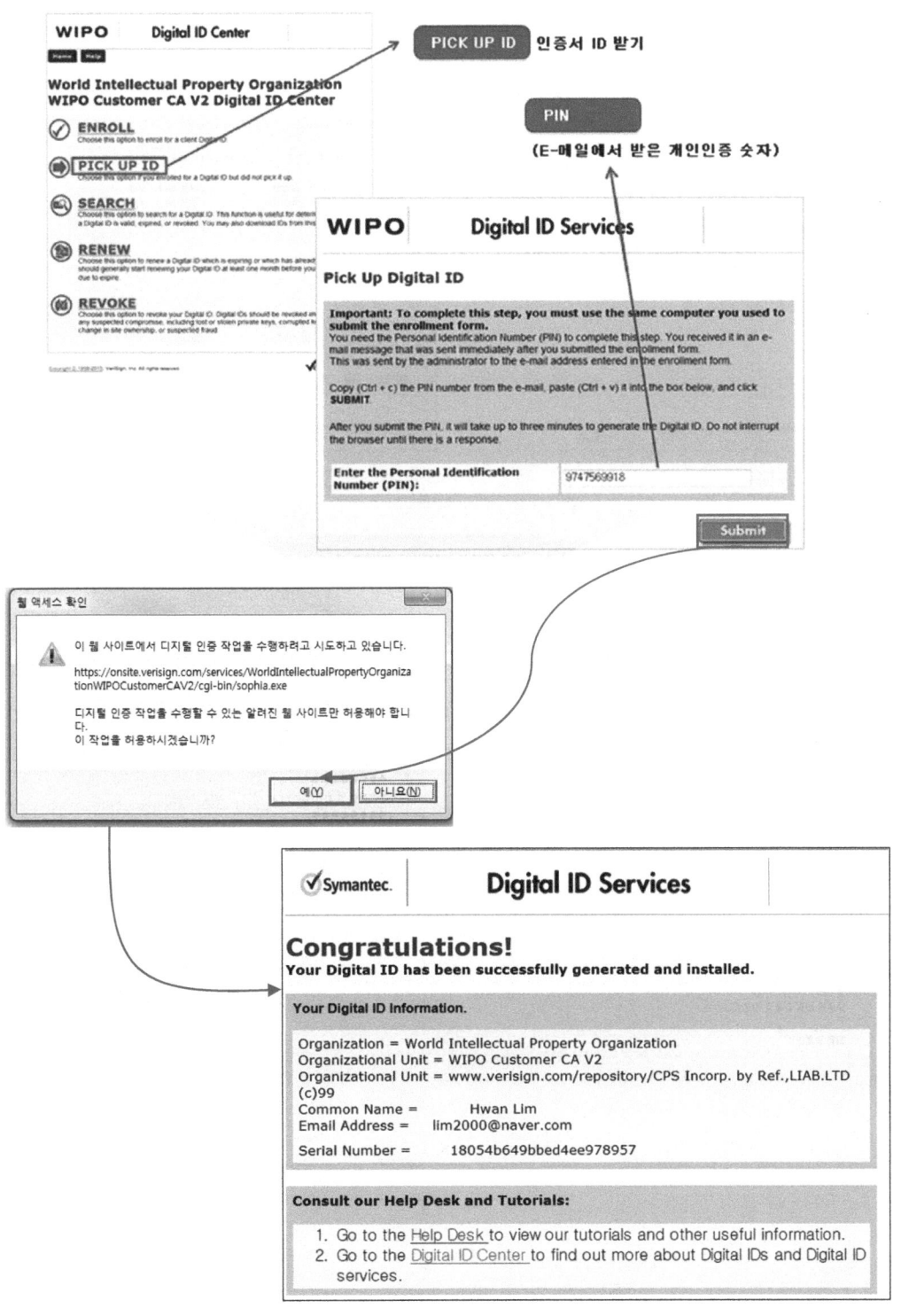

f. 인증서를 내려 받기

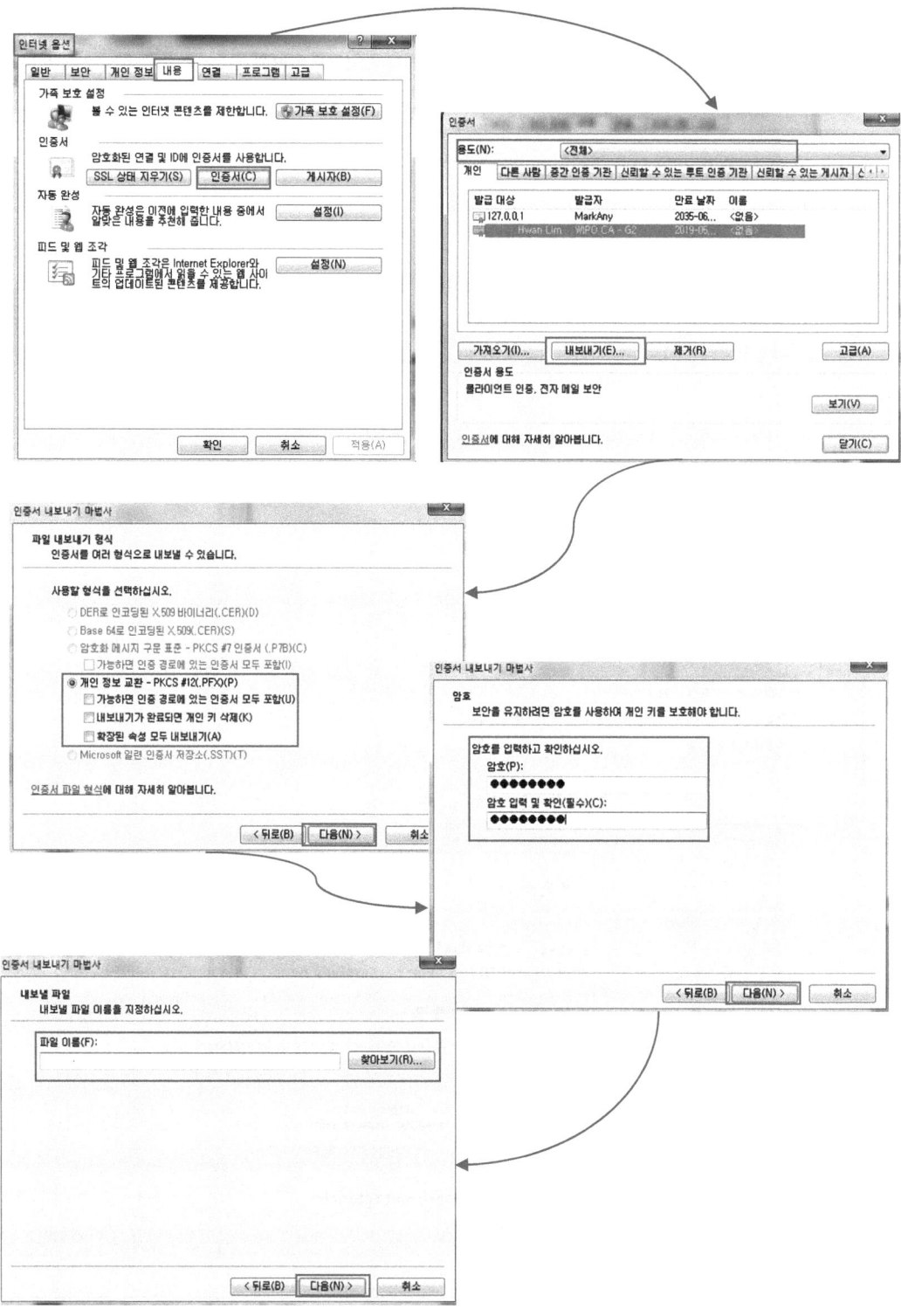

3. 출원인 정보변경(필요한 경우)

① **출원인 정보변경** : 특허고객번호를 부여받은 자가 성명 · 주소 · 인감 · 전화번호 등 각종 인적 사항을 변경 또는 경정하려는 경우

② **특허고객번호 정정** : 특허고객번호를 이중으로 부여받거나 잘못 부여받아 이를 정정하려는 경우

③ 온라인을 이용한 출원인정보변경 신고방법은 다음과 같습니다.

　a. 특허로〉사용자등록/변경〉출원인정보변경신고에서 순서에 따라 신고합니다.

전자출원SW 설치

국내출원신청을 위해 먼저 전자출원SW를 다운로드 받은 후 설치할 수 있습니다.   ? 도움말

▶ 통합설치

구분	제공내역	다운로드
전문가용	전자출원에 필요한 전용 SW를 일괄(통합) 설치합니다. 통합 설치 프로그램을 설치하신 경우에는 아래 프로그램을 개별적으로 설치하실 필요가 없습니다. ※ 설치SW : 서식작성기(NKEAPS), 통합명세서작성기, 첨부서류입력기, 통지서열람기, 서열목록작성기	다운로드
초보자용	전자출원을 위한 기본 프로그램만을 제공하는 SW설치 프로그램입니다. ※ 설치SW : 통합서식작성기(PKEAPS), 통합명세서작성기, 통지서열람기	다운로드

▶ 개별설치

구분		제공내역	다운로드
서식 작성 SW	서식작성기(NKEAPS)	특허, 실용신안, 디자인, 상표 등의 출원서 및 중간절차서(의견서 등) 및 등록과 심판절차 등에 필요한 서식을 작성하고 특허청에 제출하는 전자출원SW입니다. ※ 사용가능한 특수문자 리스트 상세보기 ◐	다운로드 사용설명서
	통합서식작성기 (PKEAPS)	서식작성기(NKEAPS)에서 제공하는 기능 및 국제상표출원(MM) 서식 작성, 국제디자인출원(DM) 서식 작성, 첨부서류입력기의 기능을 일괄 제공합니다.	다운로드 사용설명서
명세서 작성 SW	통합명세서작성기 (NK-Editor)	명세서, PCT명세서를 작성할 수 있는 특허문서 작성 전용 워드 프로세스형 SW입니다.	다운로드 사용설명서
	통지서 열람기	특허청에서 온라인으로 발송한 통지서 및 증명서류를 열람하고 인쇄할 수 있는 전자출원SW입니다.	다운로드 사용설명서
	첨부서류입력기	출원서, 보정서 등 서식 제출시 위임장, 증명서 등을 스캔 및 변환하여 서식에 손쉽게 첨부가 가능하도록 도와주는 전자출원SW입니다.	다운로드 사용설명서
기타 SW	서열목록작성기 (KOPATENTIN)	생명공학 관련 특허출원시 서열목록을 작성하도록 지원하는 전자출원SW입니다.	다운로드 사용설명서
	서열목록작성기 (PATENTIN)	생명공학 관련 특허출원시 서열목록을 작성하도록 지원하는 전자출원SW입니다. ※ 대용량의 서열목록 작성시 사용하십시오.	다운로드 사용설명서
	3D Viewer	3D 디자인 출원시 도면을 확인할 수 있는 SW입니다.	다운로드 사용설명서

4. 주요 문서작성 SW 안내(특허로〉출원신청〉국내출원〉문서작성 SW설치)

① **(통합설치) 전문가용** : 전자출원에 필요한 전용SW를 일괄(통합) 설치하는 SW

② **(통합설치) 초보자용** : 전자출원을 위한 기본 프로그램만을 제공하는 SW

③ **(서식작성SW) 서식작성기** : 특허, 실용신안, 디자인, 상표 등의 출원서 및 중간절차서(의견서 등) 등록과 심판절차 등에 필요한 서식을 작성하고 특허청에 제출하는 SW

④ **(서식작성SW) 통합서식작성기** : 서식작성기에서 제공하는 기능 및 국제상표 출원 서식 작성, 국제 디자인출원 서식 작성, 첨부 서류 입력기의 기능을 일괄 제공

⑤ **(명세서작성SW) 통합명세서작성기** : 명세서, PCT 명세서를 작성할 수 있는 특허문서 작성 전용 워드 프로세스형 SW

⑥ **(기타SW) 통지서 열람기** : 특허청에서 온라인으로 발송한 통지서 및 증명서류를 열람하고 인쇄할 수 있는 전자출원 SW

⑦ **(기타SW) 첨부서류입력기** : 출원서, 보정서 등 서식 제출 시 위임장, 증명서 등을 스캔 및 변환하여 서식에 손쉽게 첨부가 가능하도록 도와주는 SW

⑧ **(기타SW) 서열목록작성기(KOPATENTIN)** : 생명공학 관련 특허 출원 시 서열목록을 작성하도록 지원하는 SW

⑨ **(기타SW) 서열목록작성기(PATENTIN)** : 생명공학 관련 특허 출원 시 서열목록을 작성하도록 지원하는 SW(※대용량의 서열목록 작성시 사용)

⑩ **(기타SW) 3D VIEWER** : 3D 디자인 출원 시 도면을 확인할 수 있는 SW

III. 유형별 출원절차 및 제출결과 조회

1. 유형별 출원절차

(1) Easy출원 Service를 이용한 출원

① Easy 출원 서비스를 원활하게 이용하기 위한 기본적인 브라우저 설정방법

1. Interent Explore의 메뉴 - 도구 - 인터넷 옵션을 클릭합니다.

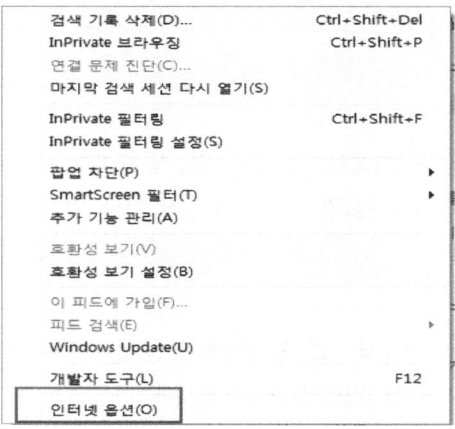

2. 인터넷 옵션의 보안 탭을 클릭, 신뢰할 수 있는 사이트를 클릭한 후 www.patent.go.kr 특허로 사이트를 추가합니다.

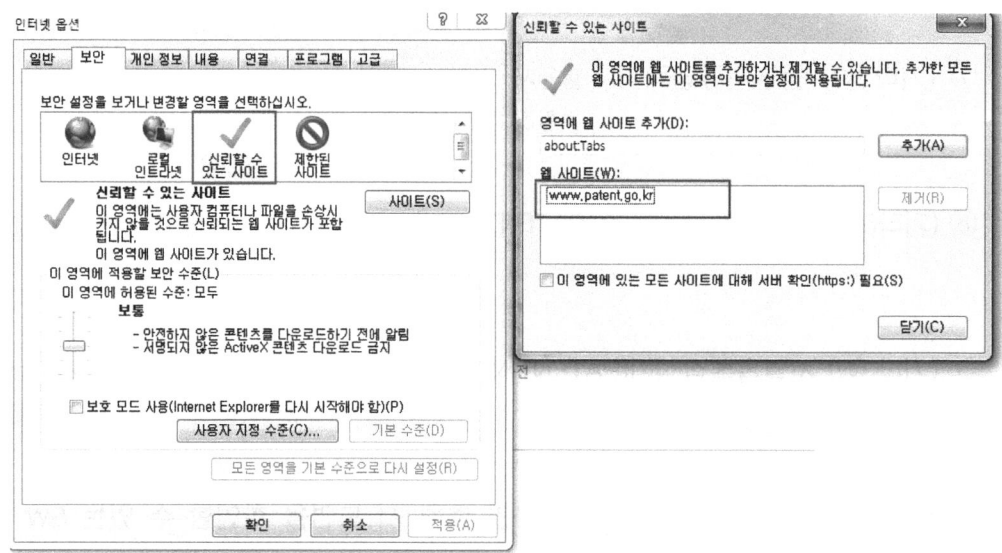

3. 고급 탭으로 이동하여 Interent Explorer 기본 설정 복구 화면에서 원래대로를 클릭하여 설정을 초기화해줍니다.

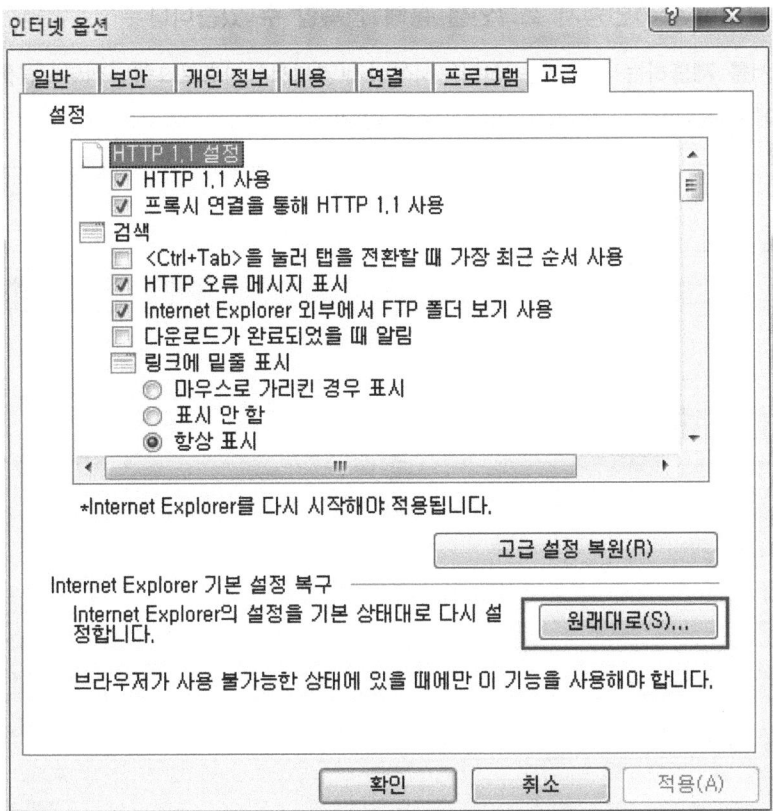

4. 설정 초기화 후 모든 웹 브라우저 창을 닫은 후 관리자 권한으로 실행합니다.

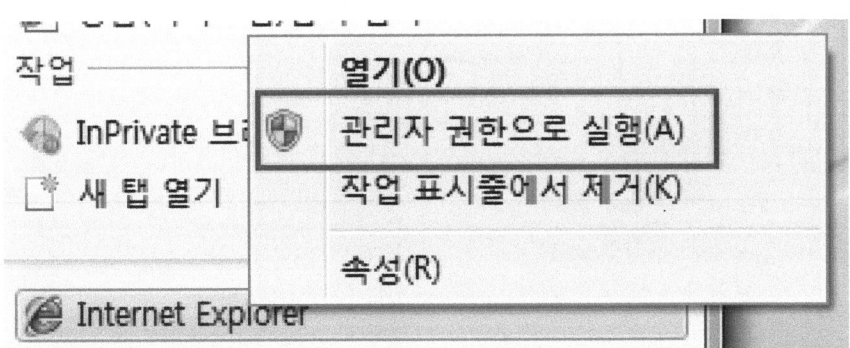

Easy출원 Service는 특허청 홈페이지에서 프로그램의 설치 없이 출원서류 등을 제출할 수 있는 간편한 온라인 출원서비스로 특허로〉출원신청〉국내출원〉명세서/서식작성〉 Easy출원 Service〉인증서 로그인을 통해 접속할 수 있습니다

※ 명세서를 제출하는 경우에는 전자문서작성기(명세서작성프로그램), 첨부서류를 제출하는 경우에는 첨부서류 입력기를 이용하여야 합니다.

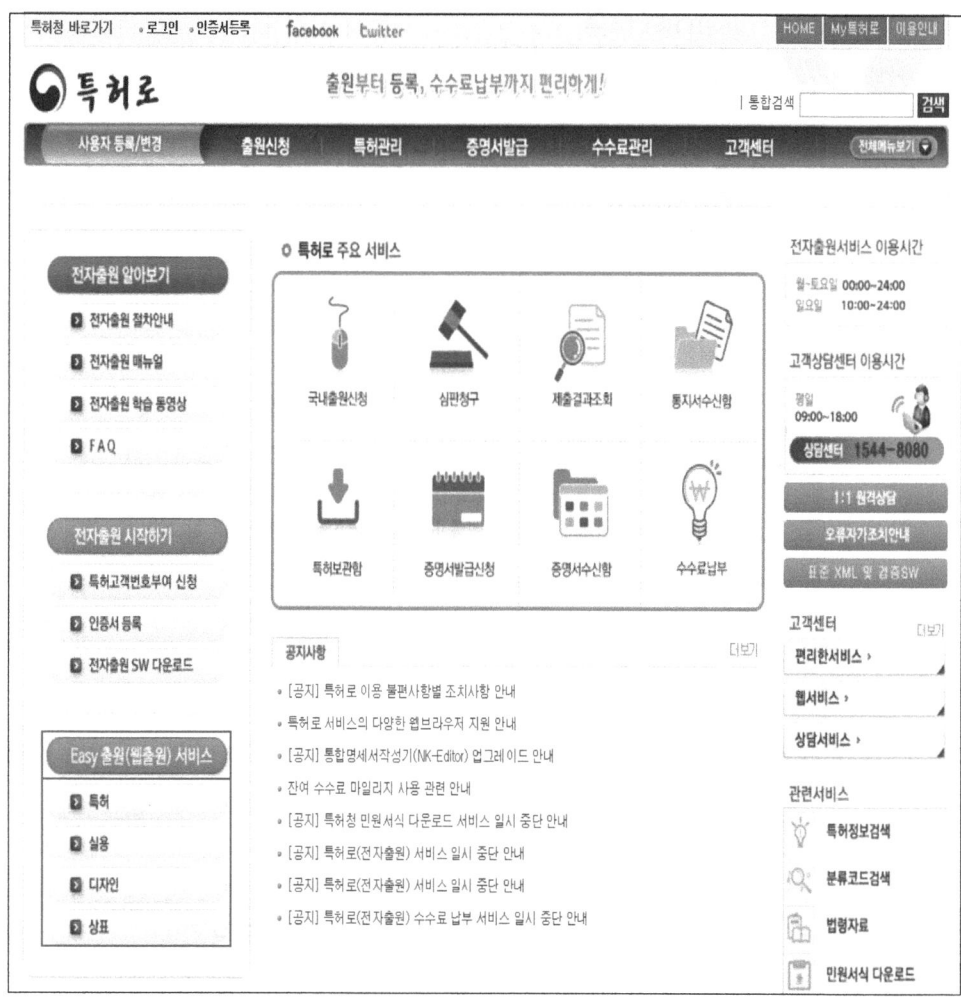

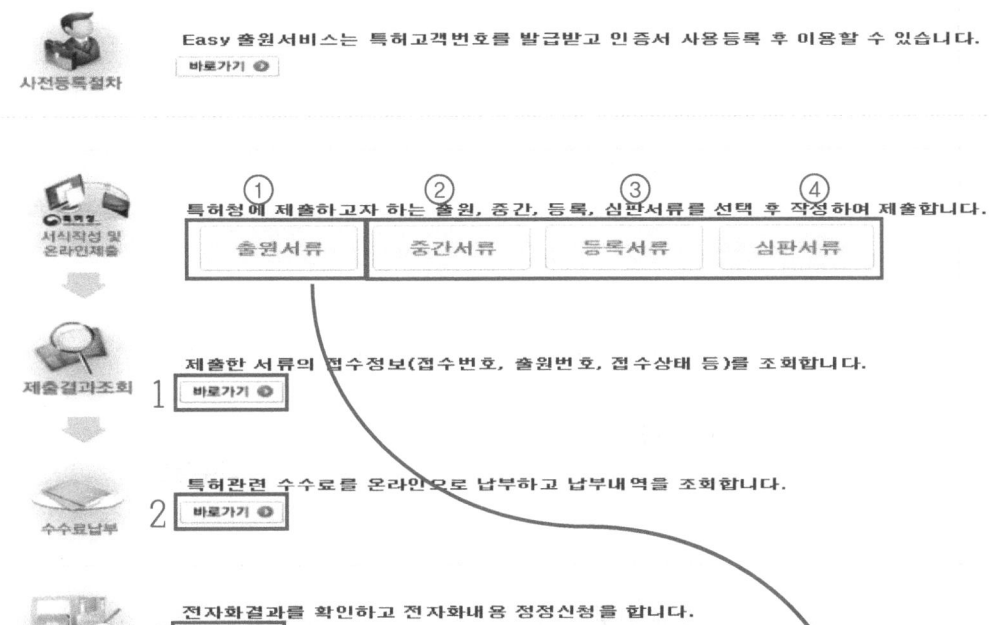

특허청에 제출하려는 서류를 절차별로 선택하여 제출할 수 있습니다. (로그인 필요)
① **출원서류** : 기본적인 4대 권리를 출원할 수 있는 서류를 작성합니다.
② **중간서류** : 보정서, 의견서, 지정기간연장신청서 등 출원 절차 이후 필요한 서류를 작성합니다.
③ **등록서류** : 등록결정 이후에 설정등록료 및 연차등록료 등 등록절차에 필요한 서류를 작성합니다.
④ **심판서류** : 심판청구서, 의견서, 답변서 등 심판절차에 필요한 서류를 작성합니다.

1. 온라인으로 제출한 서류에 대한 기초적인 정보를 확인할 수 있습니다. (특허로 연계)
2. 온라인으로 제출한 서류의 특허 관련 수수료를 온라인으로 조회 및 납부할 수 있습니다. (특허로 연계)
3. 상용 워드 SW로 작성한 서류의 한해 전자화 결과를 조회하고 전자화내용 정정신청을 할 수 있습니다.

■ Easy 출원 서비스 서식 선택 화면 (특허출원서 예시)

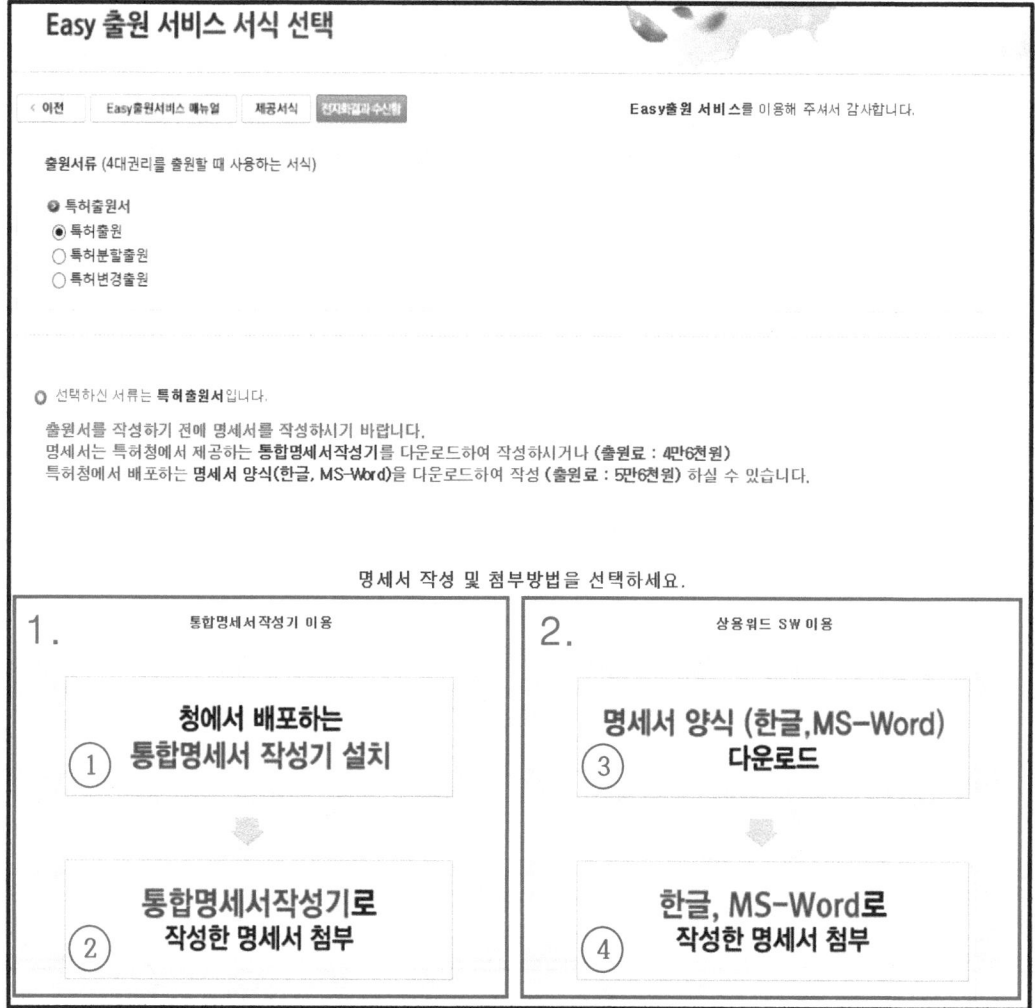

1. 통합명세서작성기로 작성한 명세서가 있는 경우
   ① '청에서 배포하는 통합명세서 작성기 설치' 클릭하여 통합명세서 작성기 프로그램을 다운로드 합니다.
   ② '통합명세서작성기로 작성한 명세서 첨부' 클릭하여 Easy 출원 서비스 서식 작성으로 이동하여 작성합니다.

2. 한글, MS-Word를 이용해서 명세서를 작성하려는 경우
   ③ '명세서 양식(한글, MS-Word) 다운로드' 클릭하여 해당 양식을 다운로드하고 명세서를 작성합니다.
   ④ '한글, MS-Word로 작성한 명세서 첨부' 클릭하여 Easy 출원 서비스 서식 작성으로 이동하여 작성합니다.

■ Easy 출원 서비스 서식 작성 화면 (특허출원서 예시)

○ 출원인

○ 출원인 상세정보

특허고객번호	[ ] - [ ] - [ ] 1 [검색]
성명(명칭)	

1. 특허고객번호를 입력 후 검색버튼을 클릭하면 자동으로 성명/명칭의 값을 입력합니다.
2. 추가버튼을 클릭하면 출원인 정보가 출원인 목록에 추가됩니다.   2 [추가∨]

출원인 목록

선택	성명/명칭	특허고객번호	지분
☐	이법인	1-3000-000215-6	

[삭제]

○ 법정대리인

○ 법정대리인 상세정보

법정대리인 코드	4 - [ ] - [ ] - 1 [검색]
성명	

① 법정대리인코드를 입력 후 검색버튼을 클릭하면 자동으로 성명/명칭의 값을 입력합니다.
② 추가버튼을 클릭하면 법정대리인 정보가 법정대리인 목록에 추가됩니다.   2 [추가∨]

법정대리인 목록

선택	성명	법정대리인코드

[삭제]

※ 법정대리인은 출원인인 미성년자, 금치산자, 한정치산자 등인 경우에 입력해야 하며 반드시 법정대리인을 증명하는 서류를 첨부서류 항목에서 첨부해야 합니다.

○ 발명자

▶ 특허고객번호가 있는 경우

● 특허고객번호가 있는 경우   ○ 특허고객번호가 없는 경우

○ 발명자 상세정보

특허고객번호	4 - [ ] - [ ] - [ ] 1 [검색]
성명	

1. 특허고객번호를 입력 후 검색버튼을 클릭하면 자동으로 성명/명칭의 값을 입력합니다.
2. 추가버튼을 클릭하면 발명자 정보가 발명자 목록에 추가됩니다.   2 [추가∨]

발명자 목록

선택	성명	특허고객번호	주소
		발명자를 추가해주세요.	

[삭제]

▶ 특허고객번호가 없는 경우

○ 특허고객번호가 있는 경우 ● 특허고객번호가 없는 경우 ← 특허고객번호가 없는 경우를 선택하면 발명자 상세정보를 입력할 수 있습니다.

○ 발명자 상세정보

국적	(KR)대한민국
발명자 국문명칭	
발명자 영문명칭	표기예시 : HONG, Gil Dong
주민등록 번호	- ******
주소	[찾기]

2. 국적, 발명자 국문명칭, 발명자 영문명칭, 주민등록번호 입력한 후 찾기 버튼을 클릭하여 도로명 주소를 검색 및 입력합니다.
   (※주민등록번호 입력을 원하지 않은 경우 '000000-0000000'로 입력)
3. 추가버튼을 클릭하면 발명자 정보가 발명자 목록에 추가됩니다.

[추가]

◆ 발명자

선택	성명	특허고객번호	주소

발명자를 추가해주세요.

[삭제]

○ 출원 기본 사항

▶ 통합명세서작성기로 작성한 명세서 첨부

명세서 첨부형식	● 통합명세서작성기로 작성된 명세서
명세서 경로	[찾기▶]
발명의 국문 명칭	
발명의 영문 명칭	

도움말

· **통합명세서작성기로 작성한 명세서**를 첨부하는 경우 출원기본정보 및 수수료가 **자동 입력**됩니다.

〈 이전   다음 〉

▶ 한글, MS-Word로 작성한 명세서 첨부

명세서 첨부형식	⊙ 한글, MS-Word로 작성된 명세서
알림서비스 신청	알림서비스를 신청하시면 전자화 완료시 SMS로 안내해 드립니다. [1 신청] ※ 전자화 결과는 Easy출원 전자화결과 수신함에서 확인하실 수 있습니다.
명세서 경로	3 [찾기▶] 2 [양식/예제 다운로드]
발명의 국문 명칭	
발명의 영문 명칭	

1. 한글, MS-Word로 작성한 명세서를 첨부하여 출원하는 경우에는 전자화 과정을 거치므로 알림서비스를 신청하면 SMS로 해당 정보를 발송해드립니다.

   ※ 전자화가 완료되면 Easy 출원서비스 메인화면 전자화결과 수신함이나 특허로 제출결과 조회의 전자화결과 수신함 버튼 클릭을 통해 전자화 결과를 확인할 수 있습니다.

2. 특허청에서 제공하는 표준템플릿을 다운로드하여 명세서를 작성하실 수 있습니다.

3. 표준템플릿으로 작성한 명세서를 첨부합니다. 발명의 국문(영문)명칭은 출원인이 **직접 입력**해야 합니다.

○ 출원 기타 사항

기타사항	☐ 우선권주장 ☐ 심사청구 ☐ 심사유예신청 ☐ 조기공개신청 ☐ 공지예외적용 ☐ 미생물 기탁 ☐ 서열목록 ☐ 기술이전희망 ☐ 국가연구개발사업

출원인이 기타 필요한 사항을 체크하여 추가로 입력할 수 있습니다. **(선택사항)**

도움말

- ⊙ **출원기타사항은 출원인이 기타 필요한 사항을 체크하여 입력할 수 있습니다.**
- **우선권 주장** : 출원인이 먼저 출원(선출원)한 출원서의 명세서 또는 도면에 기재된 발명을 기초로 출원하는 경우 우선권 주장을 하여야 합니다. (특허법 제55조)
- **심사청구** : 심사관은 특허출원에 대하여 심사청구가 있을 때에만 심사하므로, 심사를 받고자 하는 경우 심사청구를 하여야 합니다. (특허법 제59조)
- **심사유예신청** : 출원심사의 청구일부터 24개월이 지난 후에 심사를 받고자 하는 경우 심사유예신청을 하여야 합니다. (특허법시행규칙 제40조의3)
- **조기공개신청** : 특허출원일로부터 1년 6개월이 경과되기 전에도 공개를 신청할 수 있습니다. (특허법시행규칙 제44조)
  * 특허출원일로부터 1년 6개월이 경과되면 자동적으로 공개됩니다.
- **공지예외적용** : 출원인이 논문, 학회 등을 통해 발표(공지)한 내용을 바탕으로 공지일로부터 12개월 이내에 특허출원을 하면 논문 등이 공지된 것으로 보지 않습니다. * 이를 통해 출원인의 논문 내용 등은 특허심사시 거절이유가 되지 않습니다(특허법 제30조)
- **미생물 기탁** : 미생물에 관계되는 발명은 해당 미생물을 미생물 기탁 및 분양에 관한 업무를 담당하는 전문기관에 기탁하여야 합니다. (특허법시행령 제2조)
- **서열목록** : 핵산염기 서열 또는 아미노산 서열을 포함한 특허출원을 하려는 자는 서열목록을 명세서에 적고, 그 서열목록을 수록한 전자파일을 특허출원서에 첨부하여야 합니다. (특허법시행규칙 제21조의4)
- **기술이전희망** : 특허출원 기술을 이전할 의사가 있는 경우 기술이전희망을 표시하여야 합니다.
- **국가연구개발사업** : 중앙 행정 기관이 법령에 근거하여 연구 개발비의 전부 또는 일부를 출연하거나 공공 기금 등으로 지원하는 연구 개발 사업임을 표시하여야 합니다.

▶ 우선권 주장

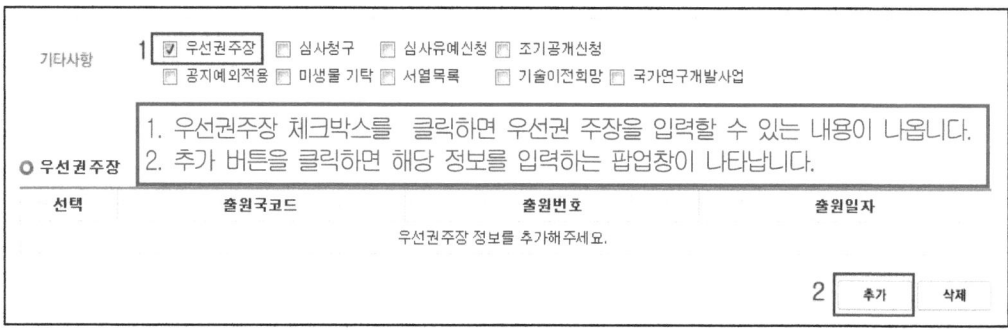

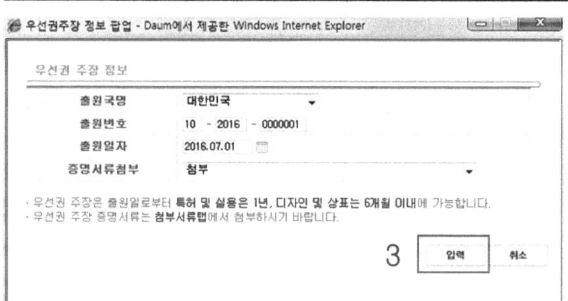

3. 선출원한 출원 정보
   (출원 번호, 출원 일자 등)를
   입력하고 입력 버튼을 클릭하면
   해당 정보가 추가됩니다.

▶ 심사청구

심사청구 체크박스를 클릭하면 심사청구를 할 수 있습니다. 수수료 항목에서 별도로 심사 청구료를 입력할 수 있습니다.

※ 심사청구를 선택하지 않으면 심사청구 수수료를 입력할 수 없습니다.

▶ 심사유예신청

심사유예신청 체크박스를 클릭하면 심사유예신청 기간을 설정할 수 있습니다.
기간은 1개월에서 최대 36개월(3년)까지 선택할 수 있습니다.

▶ 조기공개신청

특허출원일로부터 1년 6개월이 경과되면 자동적으로 공개되지만 그 이전에도 공개 신청을 할 수 있습니다.

▶ 공지예외적용

1. 공지예외적용 체크박스를 클릭하면 공지예외적용을 입력할 수 있는 내용이 나옵니다.
2. 추가 버튼을 클릭하면 해당 정보를 입력하는 팝업창이 나타납니다.

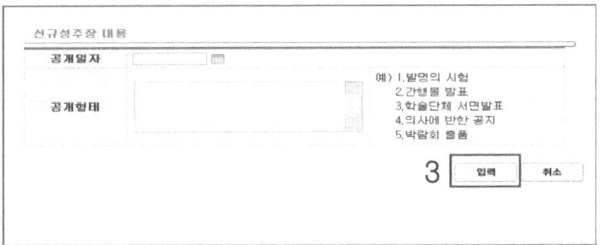

3. 공개일자 및 공개형태 정보를 입력한 후 입력 버튼을 클릭하면 해당 내용이 추가됩니다.

▶ 미생물 기탁

1. 미생물 기탁 체크박스를 클릭하면 미생물 기탁을 입력할 수 있는 내용이 나옵니다.
2. 추가 버튼을 클릭하면 해당 정보를 입력하는 팝업창이 나타납니다.

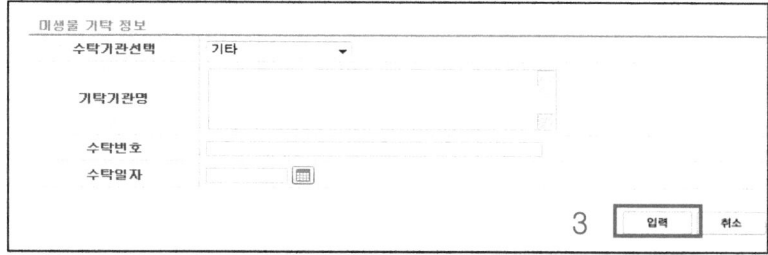

3. 수탁기관 및 기탁기관명, 수탁번호, 수탁일자를 입력한 후 입력 버튼을 클릭하면 해당 내용이 추가됩니다.

▶ 서열목록

> 서열목록 전자파일을 첨부로 선택한 경우에는 첨부서류 항목에서 해당 전자파일을 첨부해야 합니다.

▶ 기술이전 희망

> 특허출원의 기술을 이전할 의사가 있는 경우 기술이전희망을 표시하며 개인정보 제공 동의가 필요합니

▶ 국가연구개발사업

| 기타사항 | ☐ 우선권주장 ☐ 심사청구 ☐ 심사유예신청 ☐ 조기공개신청 |
| | ☐ 공지예외적용 ☐ 미생물 기탁 ☐ 서열목록 ☐ 기술이전희망 ☑ 국가연구개발사업 |

○ 국가연구개발사업

중앙 행정 기관이 법령에 근거하여 연구 개발비의 전부 또는 일부를 출연하거나 공공 기금 등으로 지원하는 연구 개발 사업임을 표시하여야

선택	과제고유번호	부처명
	해당 정보를 추가해주세요.	

추가 삭제

국가연구개발사업 정보

과제고유번호	
부처명	
연구관리전문기관	
연구사업명	
연구과제명	
기여율	
주관기관	
연구기간	□ - □

[기여율]란은 1개 과제인 경우에는 1/1로 적고 2개 이상의 과제인 경우에는 발명에 대한 해당과제별 기여율을 ○/□과 같이 분수로 적되, 총합이 1이 되도록 적습니다.

→ 해당 국가연구 개발사업 정보를 입력한 뒤 입력 버튼을 클릭하면 해당 내용이 추가됩니다.

입력 취소

○ 수수료

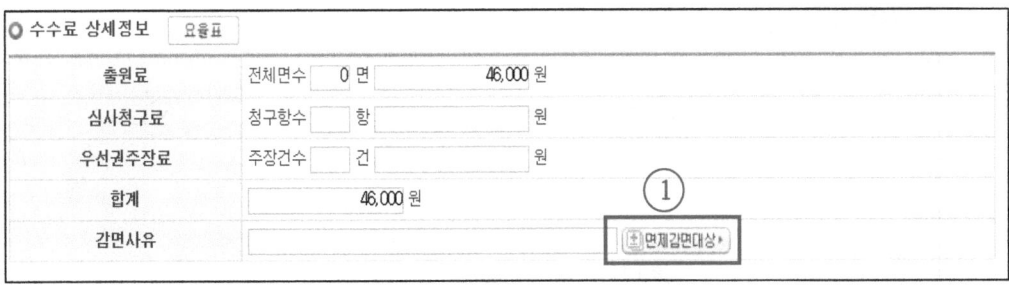

※ 수수료는 기본적으로 서식의 수수료에 맞게 **자동입력** 됩니다.
① 면제감면대상에 해당하는 서식일 경우 면제감면대상 버튼을 클릭합니다.

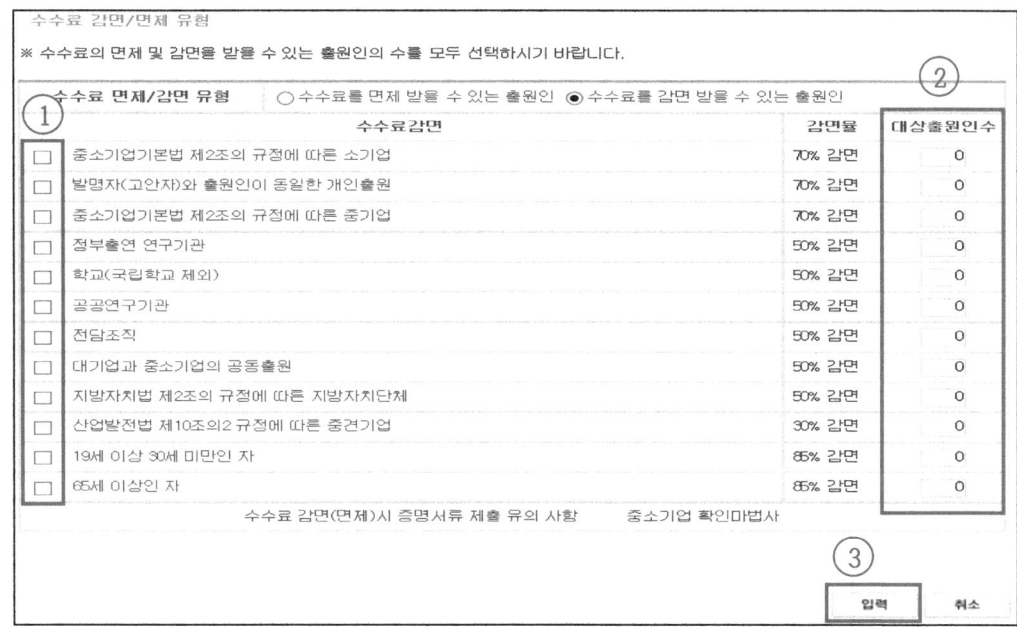

① 수수료 면제사항 또는 감면사항을 확인하신 후 체크박스를 클릭하면
② 대상출원인수가 자동으로 입력됩니다.
   ※ 출원인 수만큼 면제감면 대상을 선택할 수 있으며 2개 이상 항목을 선택할 경우에는 평균 감면율이 적용됩니다.
      예시) 19세 이상 30세 미만인자(85%감면)와 출원인과 발명자가 동일한 경우(70%감면) 선택 시
      평균 감면율(85 + 70)/2은 77.5% 입니다.
③ 입력버튼을 클릭하여 면제감면사항을 입력합니다.

○ **첨부서류**

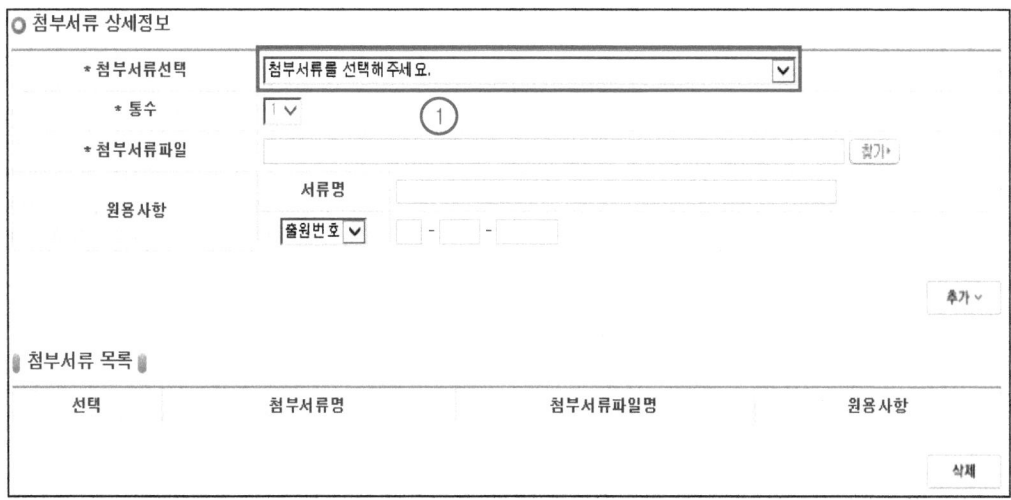

① 첨부할 서류를 선택합니다.

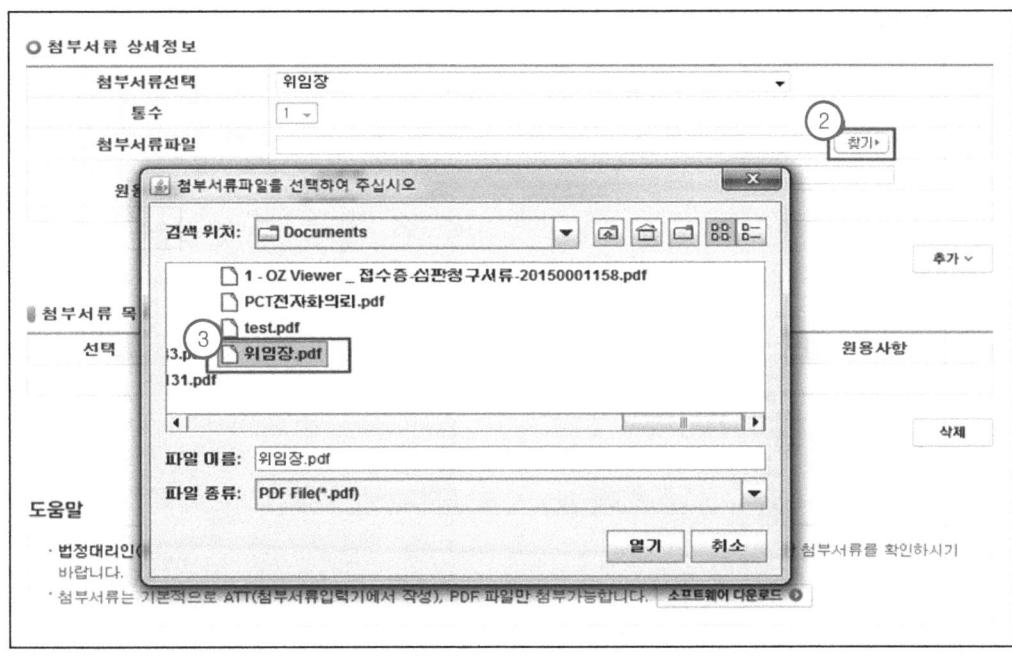

② 찾기 버튼을 클릭하여 첨부 서류 경로를 선택하여 첨부합니다.
③ 첨부 서류는 기본적으로 ATT 또는 PDF 파일을 첨부하실 수 있습니다.

※ 원용사항을 입력할 경우

원용사항이란? 동시에 2개 이상의 특허절차를 진행하는 과정에서 제출할 첨부 서류(위임장, 법정대리인을 증명하는 서류 등)가 같은 경우 그 중 1건에만 첨부 서류를 제출하고 다른 건에는 원용사항을 적어 증명서를 대신할 수 있는 항목입니다.

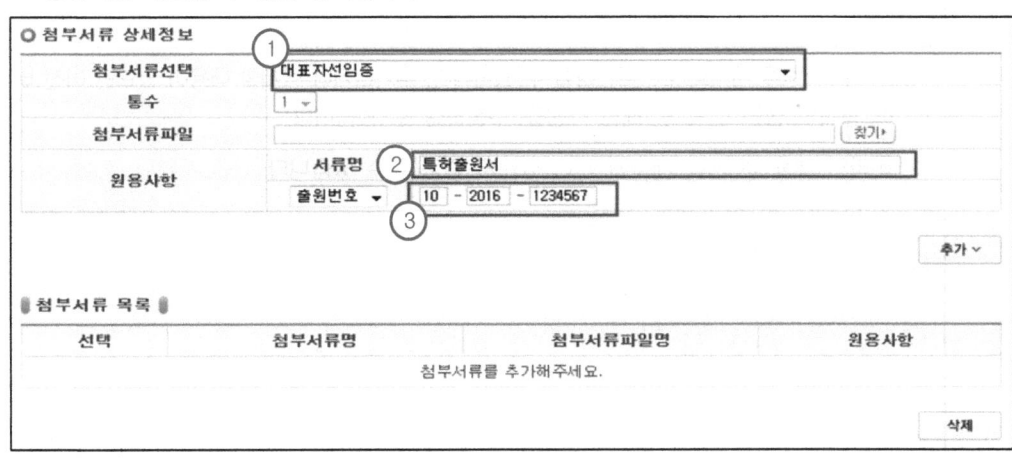

① 원용할 첨부서류를 선택합니다.
② 원용할 서류명을 입력합니다. (이전에 제출했던 서류명)
③ 이전에 제출했던 서류의 출원번호 또는 접수번호를 입력합니다.

○ 미리보기 및 온라인 제출

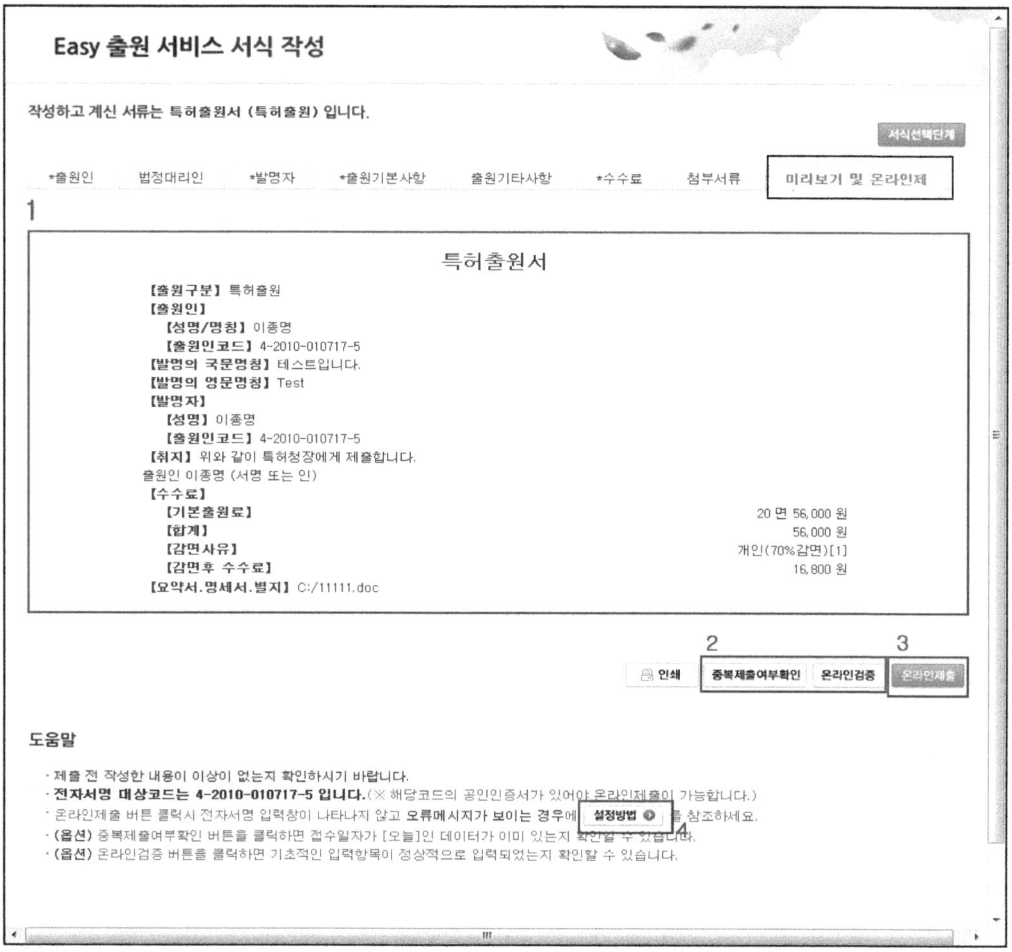

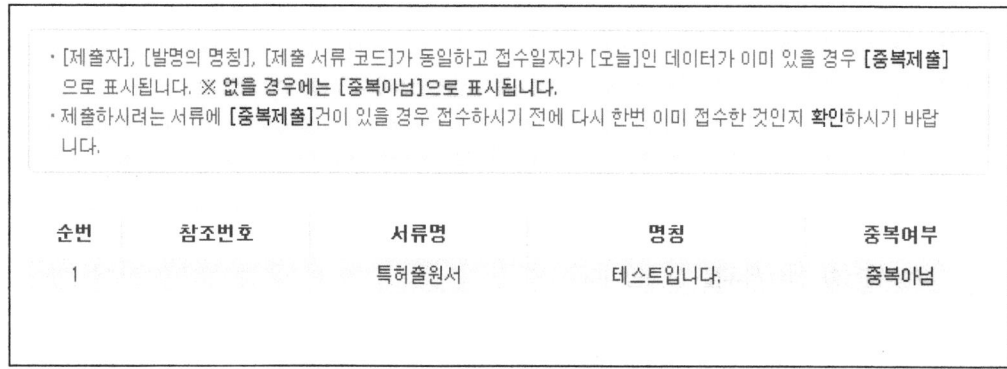

1. 작성한 서식을 미리보기로 확인하실 수 있습니다. 추가하거나 삭제할 내용이 있으면 이전 버튼 또는 각 항목의 탭을 클릭 후 해당 내용을 수정하실 수 있습니다.

2. 온라인 제출 전 중복 제출된 건이 있는지 검증할 수 있습니다. (선택사항)

- [제출자], [발명의 명칭], [제출 서류 코드]가 동일하고 접수일자가 [오늘]인 데이터가 이미 있을 경우 **[중복제출]**으로 표시됩니다. ※ 없을 경우에는 **[중복아님]**으로 표시됩니다.
- 제출하시려는 서류에 **[중복제출]**건이 있을 경우 접수하시기 전에 다시 한번 이미 접수한 것인지 **확인**하시기 바랍니다.

순번	참조번호	서류명	명칭	중복여부
1		특허출원서	테스트입니다.	중복아님

3. 온라인 제출 전 기초적인 입력항목이 정상적으로 입력되었는지 확인할 수 있습니다. (선택사항)

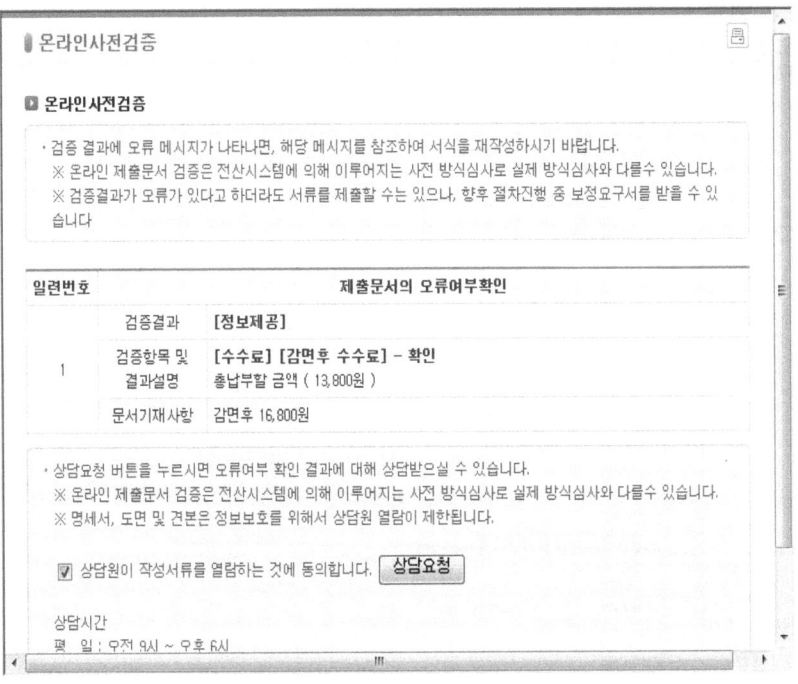

■ Easy 출원 서비스 전자화결과 수신함

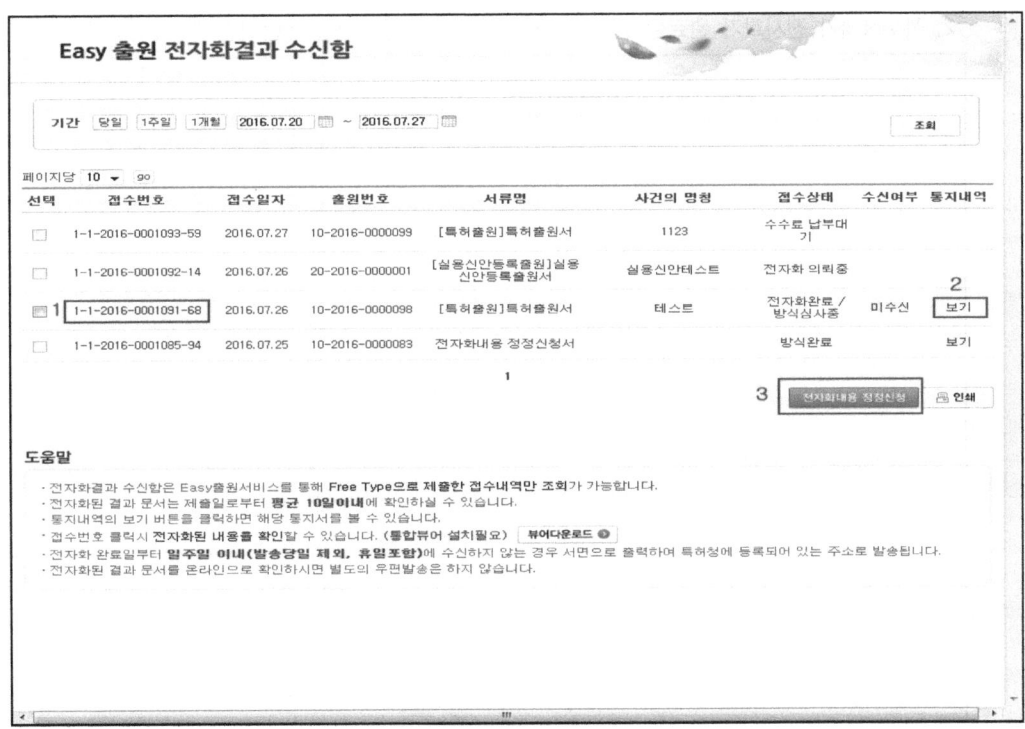

1. 접수상태가 전자화완료가 된 이후에 접수번호를 클릭하면 전자화된 내용을 확인 하실 수 있습니다.

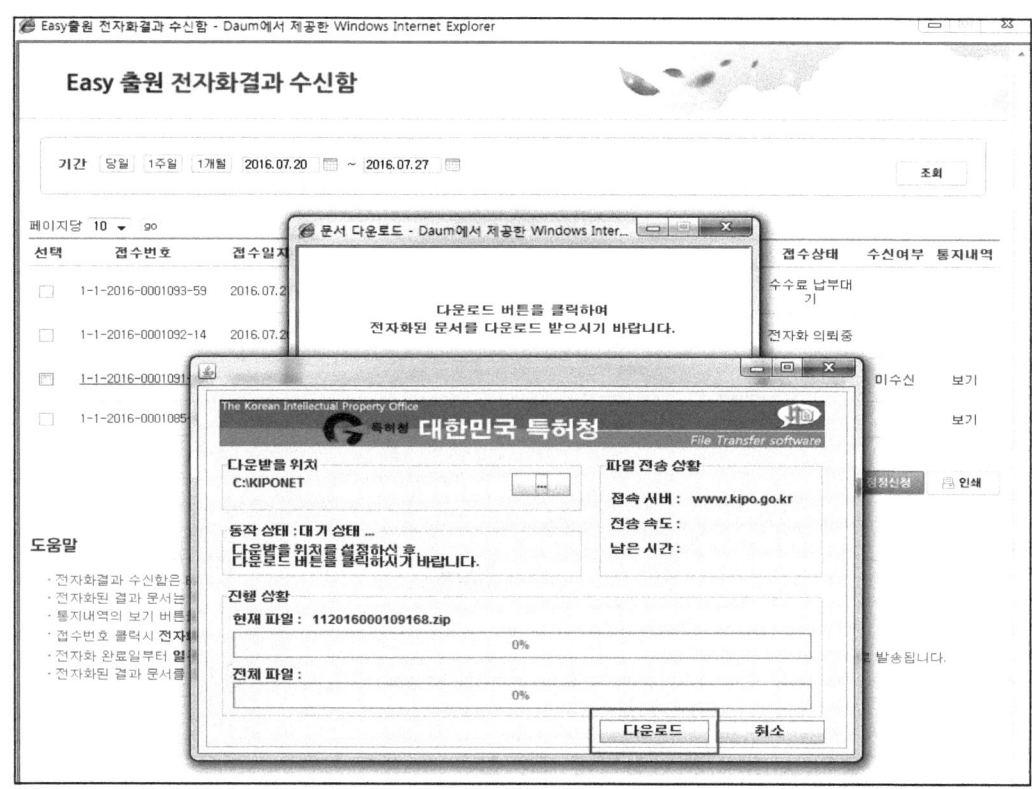

2. 접수상태가 전자화가 완료된 건에 대해 전자화결과 통지서를 열람하실 수 있습니다.

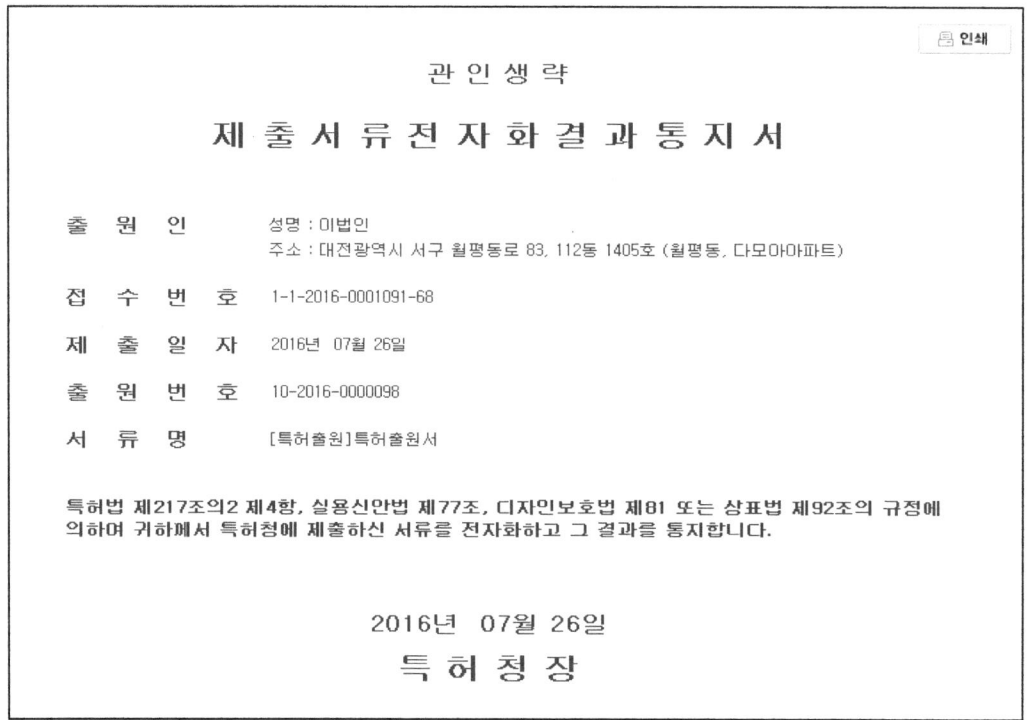

3. 전자화 결과를 확인 후 해당 내용이 올바르지 않게 전자화가 되었을 경우 정정신청을 할 수 있습니다.

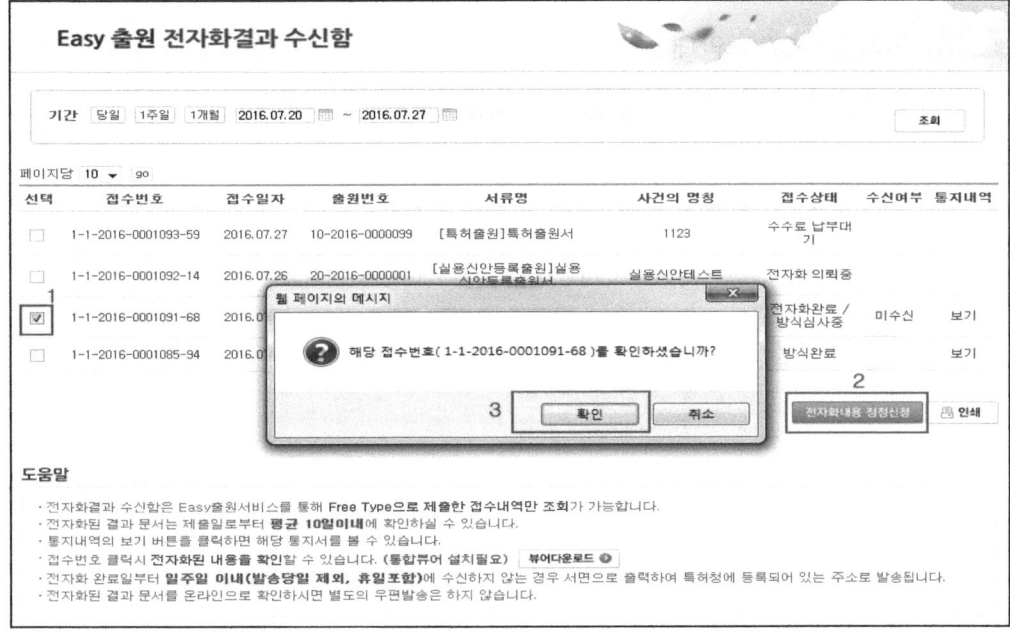

출원번호, 접수번호는 자동으로 입력되며 양식을 다운로드 받아 정정신청서 작성 후 첨부하면 됩니다.

Easy 출원서비스를 이용하는데 불편사항이 있으시면
특허고객상담센터(1544-8080)으로 문의하시기 바랍니다.

(2) 전자출원 S/W(서식작성기)를 이용한 출원

① 전자출원S/W 안내

- 프로그램 위치 : 특허로〉출원신청〉국내출원〉문서작성 SW설치
- 통합설치 : 전자출원에 필요한 전용 소프트웨어를 통합설치
- 서식작성 : 사용자의 선택에 따라 선택하여 설치
- 사용설명서 : 개별설치에서 각 프로그램별 사용 설명서 제공

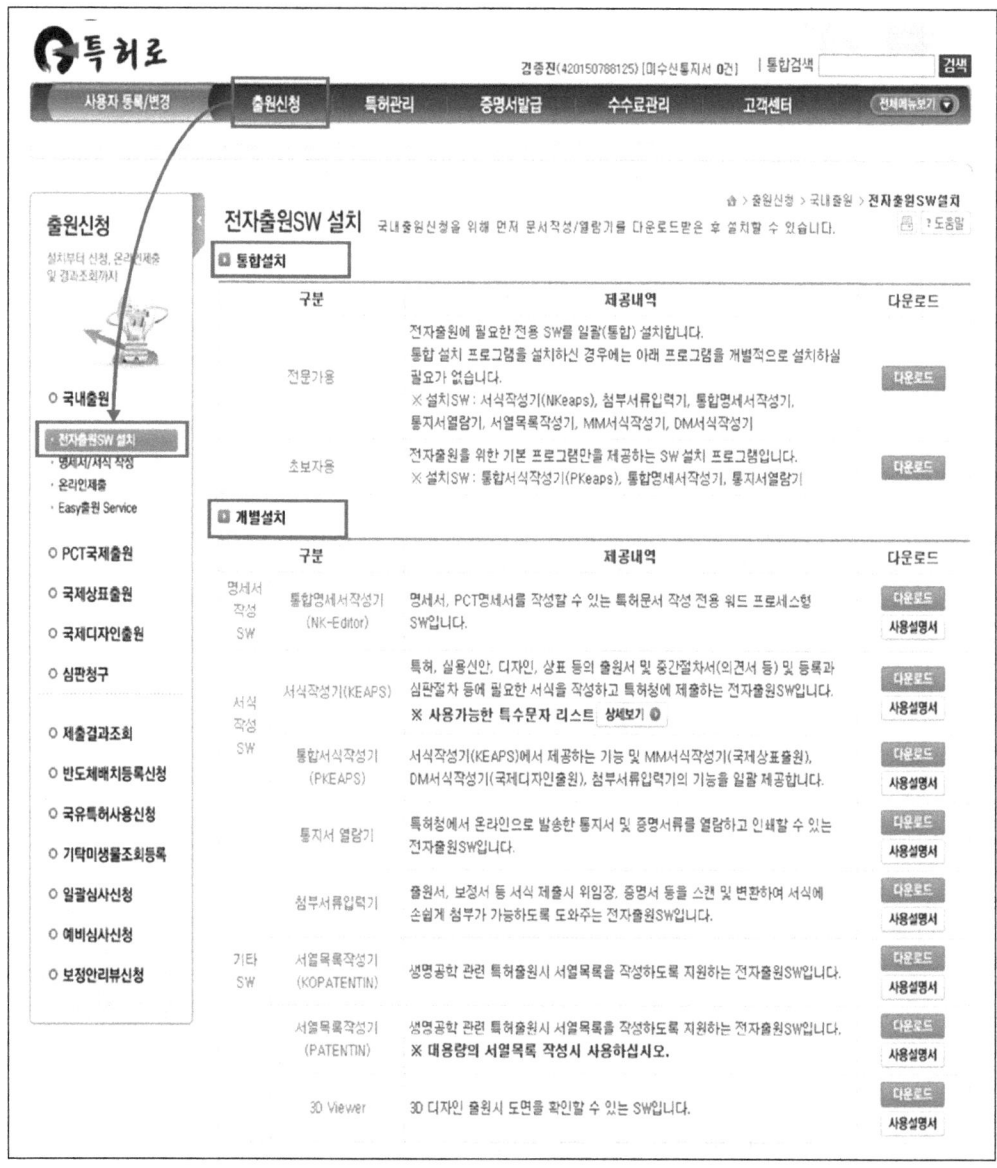

② 프로그램 설치(전체설치 권장)

a. 해당 프로그램의 S/W다운로드〉파일다운로드에서 실행을 클릭합니다.

▶ 통합설치

구분	제공내역	다운로드
전문가용	전자출원에 필요한 전용 SW를 일괄(통합) 설치합니다. 통합설치 프로그램을 설치하신 경우에는 아래 프로그램을 개별적으로 설치하실 필요가 없습니다. ※ 설치SW: 서식작성기(NKeaps), 첨부서류입력기, 통합명세서작성기, 통지서열람기, 서열목록작성기, MM식작성기, DM식작성기	다운로드
초보자용	전자출원을 위한 기본 프로그램만을 제공하는 SW 설치 프로그램입니다. ※ 설치SW: 통합서식작성기(PKeaps), 통합명세서작성기, 통지서열람기	다운로드

b. 프로그램 다운로드 화면에서 실행 버튼을 클릭한 후 아래 순서에 따라 설치합니다.

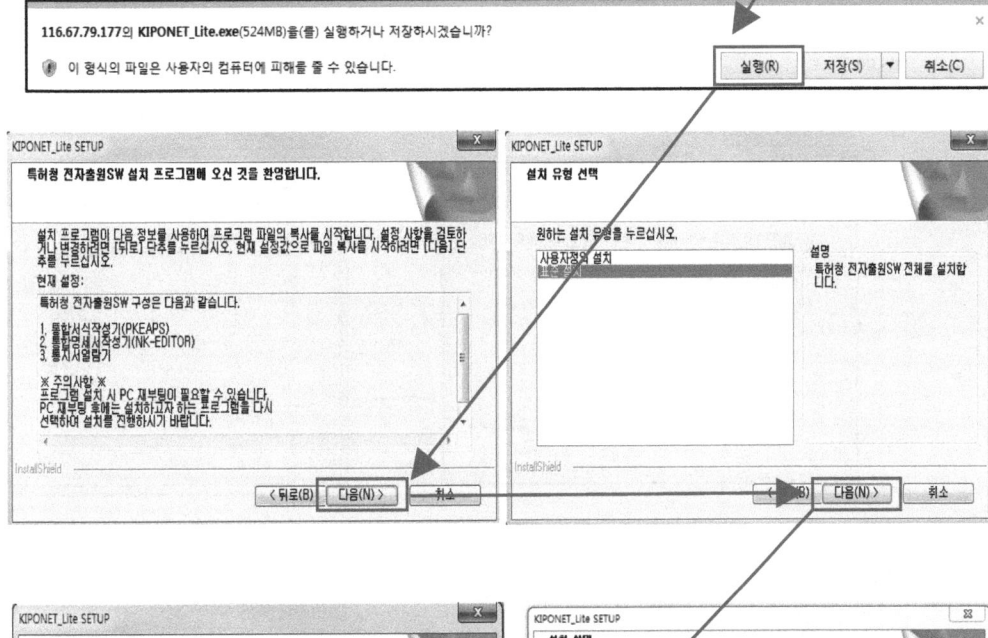

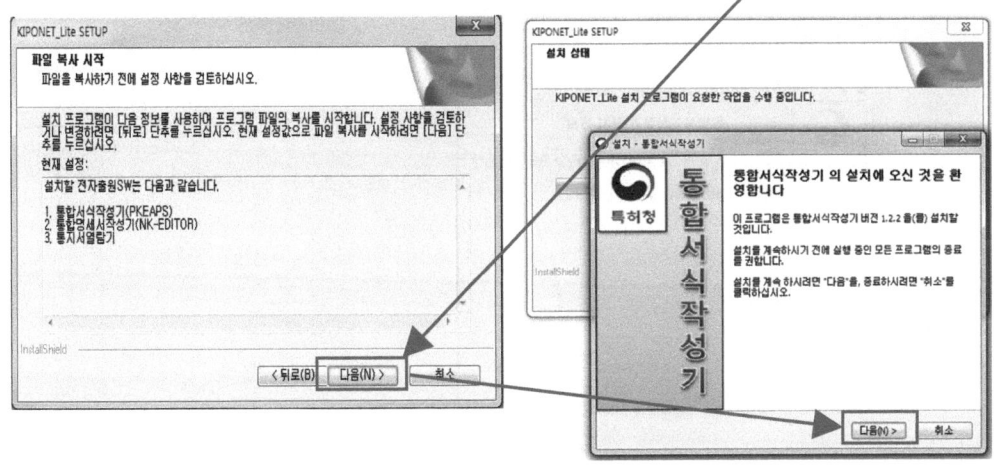

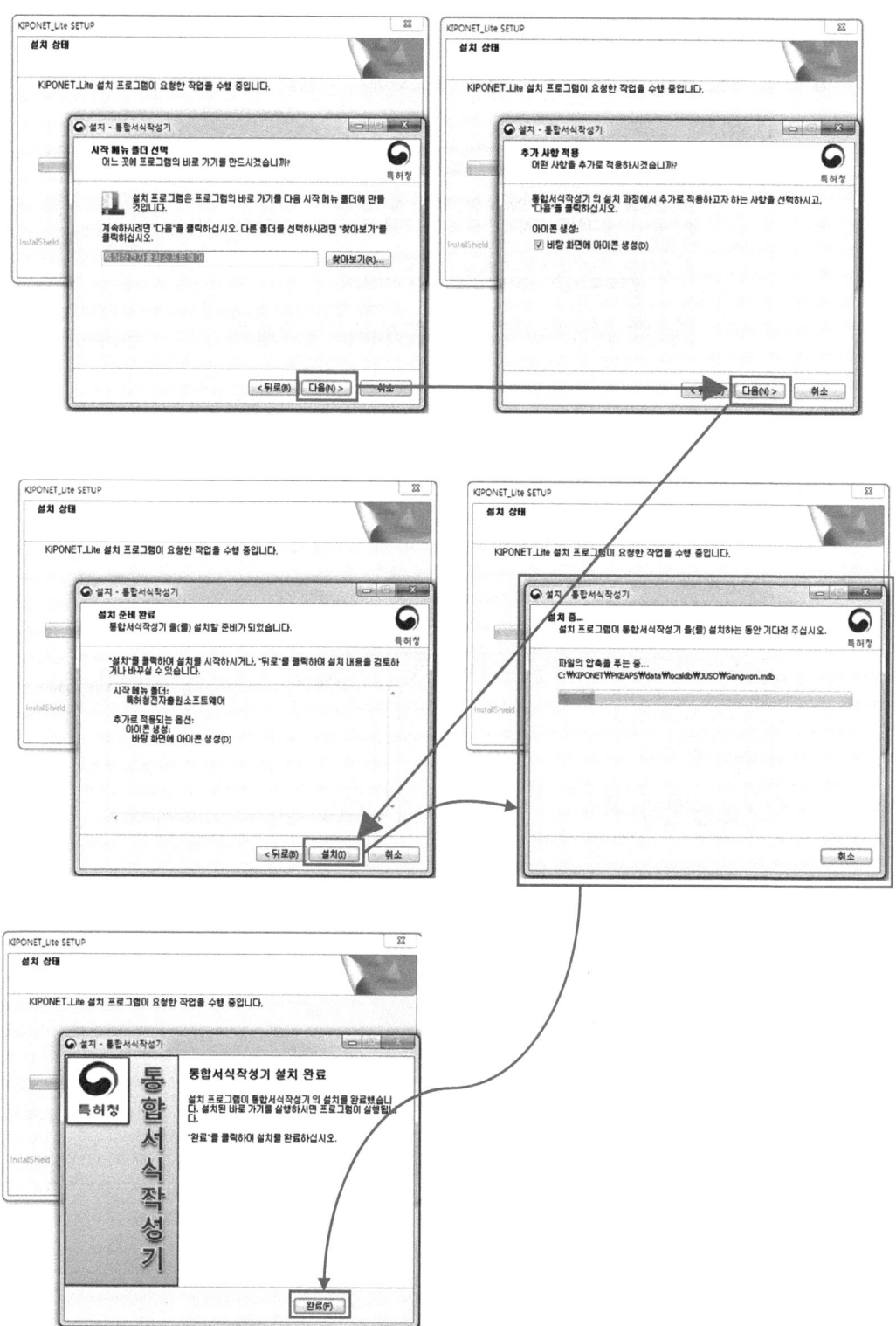

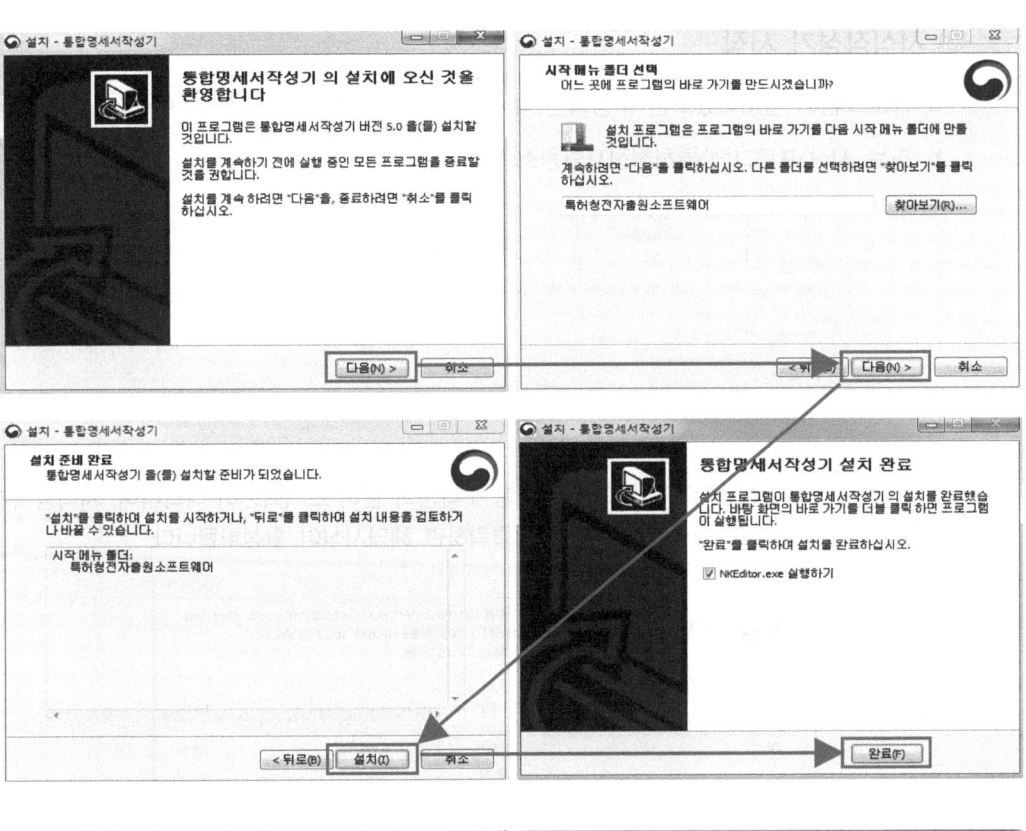
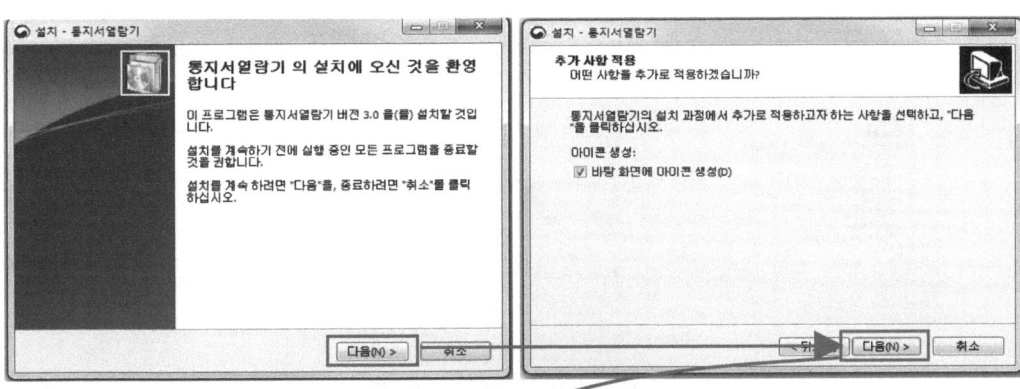
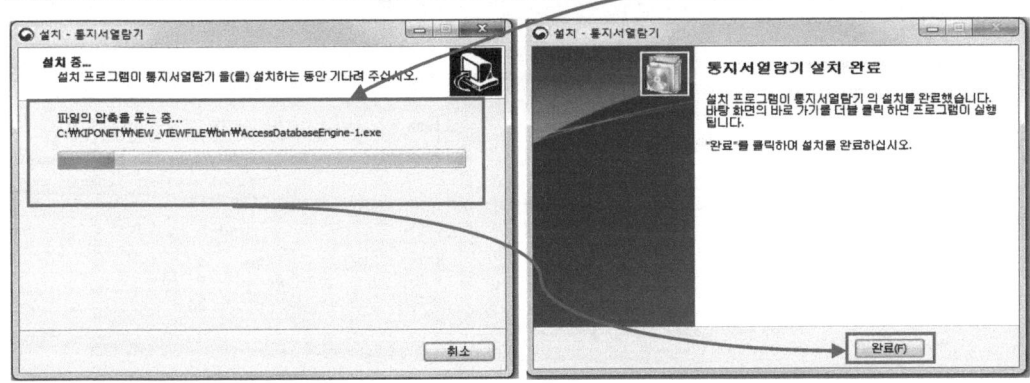

③ 서식작성기 시작

a. 프로그램이 설치되었으면 바탕화면 내 서식작성기 아이콘을 클릭하거나

b. 또는 시작〉프로그램〉특허청전자출원소프트웨어〉서식작성기〉서식작성을 선택합니다.

c. 서식작성기가 활성화되면서 업데이트와 함께 다음과 같이 초기화면이 나타나며, 서식탐색기에서 필요한 서식을 찾아 "서식작성" 메뉴를 클릭하면 해당서식이 활성화됩니다.

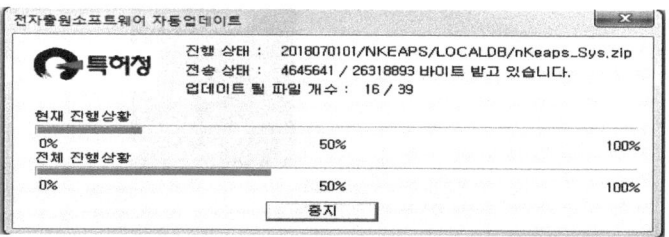

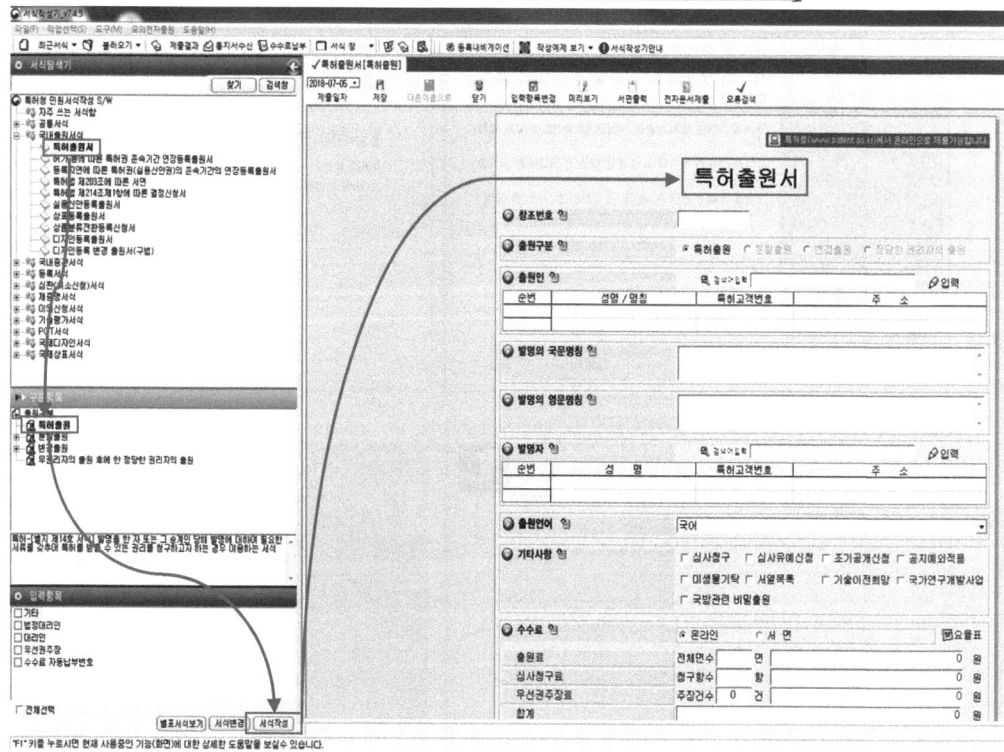

④ 활성화된 서식작성기 주요 구성사항

a. 서식탐색기 : 서류명을 입력하여 '찾기' 버튼을 누르거나 서식탐색기 트리구조의 서류를 순차적으로 탐색하여 해당서류를 선택하면 해당서식이 활성화됩니다.
  - 사전등록서식 : 위임장, 포괄위임등록 신청(철회)서, 전자문서이용신고서 등
  - 국내출원서식 : 특허출원서, 상표등록 출원서, 디자인등록 출원서 등
  - 국내중간서식 : 보정서, 취하서 등
  - 이외에도 PCT서식, 국제상표서식, 등록서식, 심판서식, 제증명서식, 이의신청서식, 선등록서식, 국제디자인서식 등의 해당 서류들이 있음

b. 구분항목 : 출원구분, 권리구분으로 구성되어 있고, 필요한 서식을 선택하면 하단에 서식에 대한 설명이 나타납니다.

c. 입력항목 : 대리인, 우선권주장, 첨부서류 입력 등 서류별 선택 입력사항을 선택하면 서지사항에 반영됩니다.

d. 문서탭 : 현재 작업 중인 문서를 표시합니다.

e. 오류검색 : 특허청에 접속하지 않은 상태에서 서식작성 내용 오류를 검증합니다.

f. 전자문서제출 : 서식을 특허청 정보와 대조해 오류사항을 검증하고 문서를 제출합니다.

g. 서지사항 : 출원구분, 권리구분, 출원인, 수수료, 첨부서류 등 항목을 기재 할 수 있는 서류입니다.

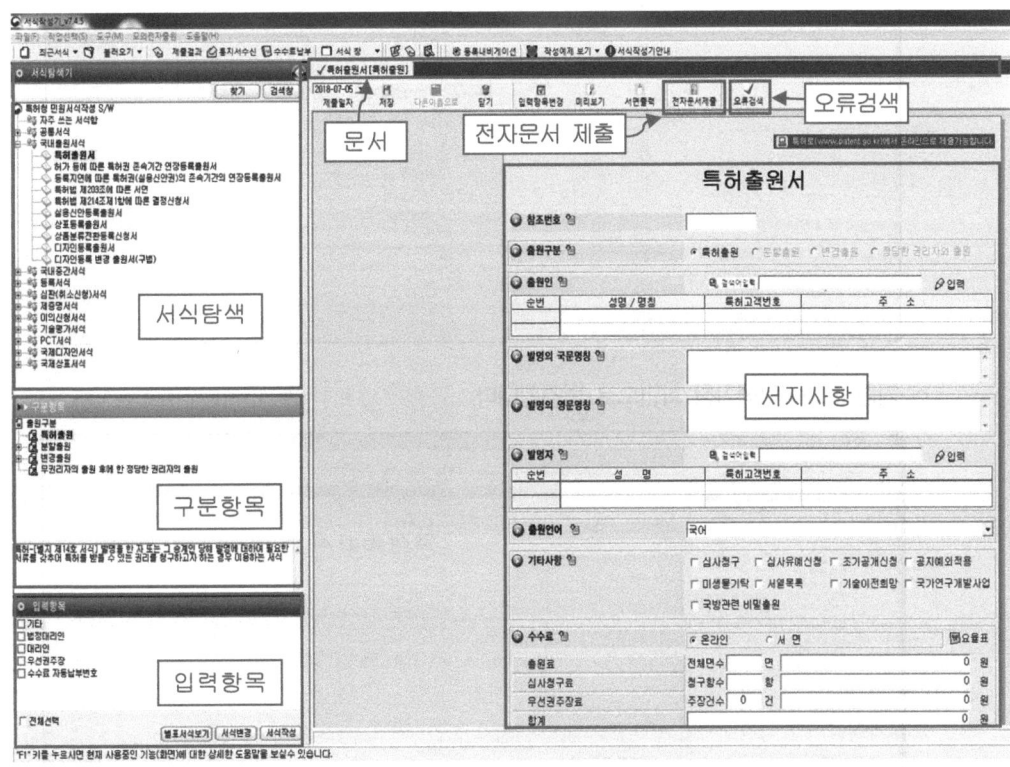

⑤ 서식 기재요령 확인

a. 우측 출원서식의 항목(ex: 참조번호, 출원구분 등)을 선택하면 좌측 서식탐색기에 해당항목의 기재요령이 안내되며 기재요령에 따라 항목을 작성합니다.

b. 원래의 서식탐색기창으로 복귀할 경우에는 문서탭을 다시 클릭합니다.

c. 기존의 서식탐색기창 화면으로 변경됩니다.

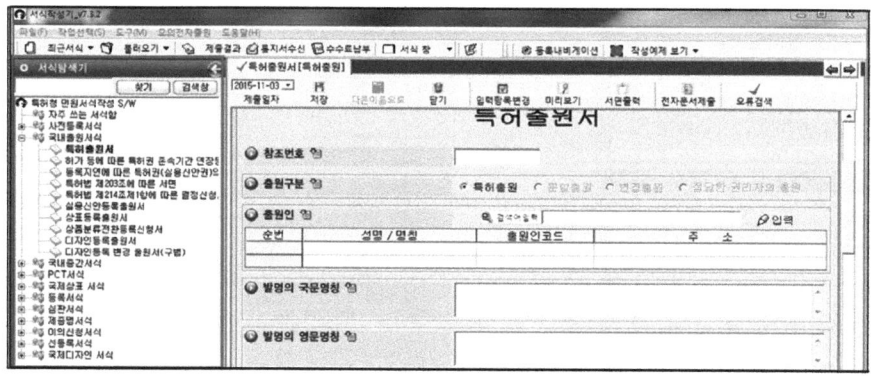

⑥ 특허출원서 서식작성 예

a. 서식탐색기에서 특허출원서 작성은 다음 순서와 같습니다.
- 서식탐색기에서 특허출원서를 검색한 후 해당서식 선택
- 구분항목의 출원구분에서 특허출원을 선택하고 입력항목에 필요한 사항 체크 후에 서식작성 클릭
- 요약서, 명세서(도면)/별지파일을 찾아 입력
- 명세서에 심사청구항이 있을 경우 심사청구에 대한 안내 팝업창이 생성됨

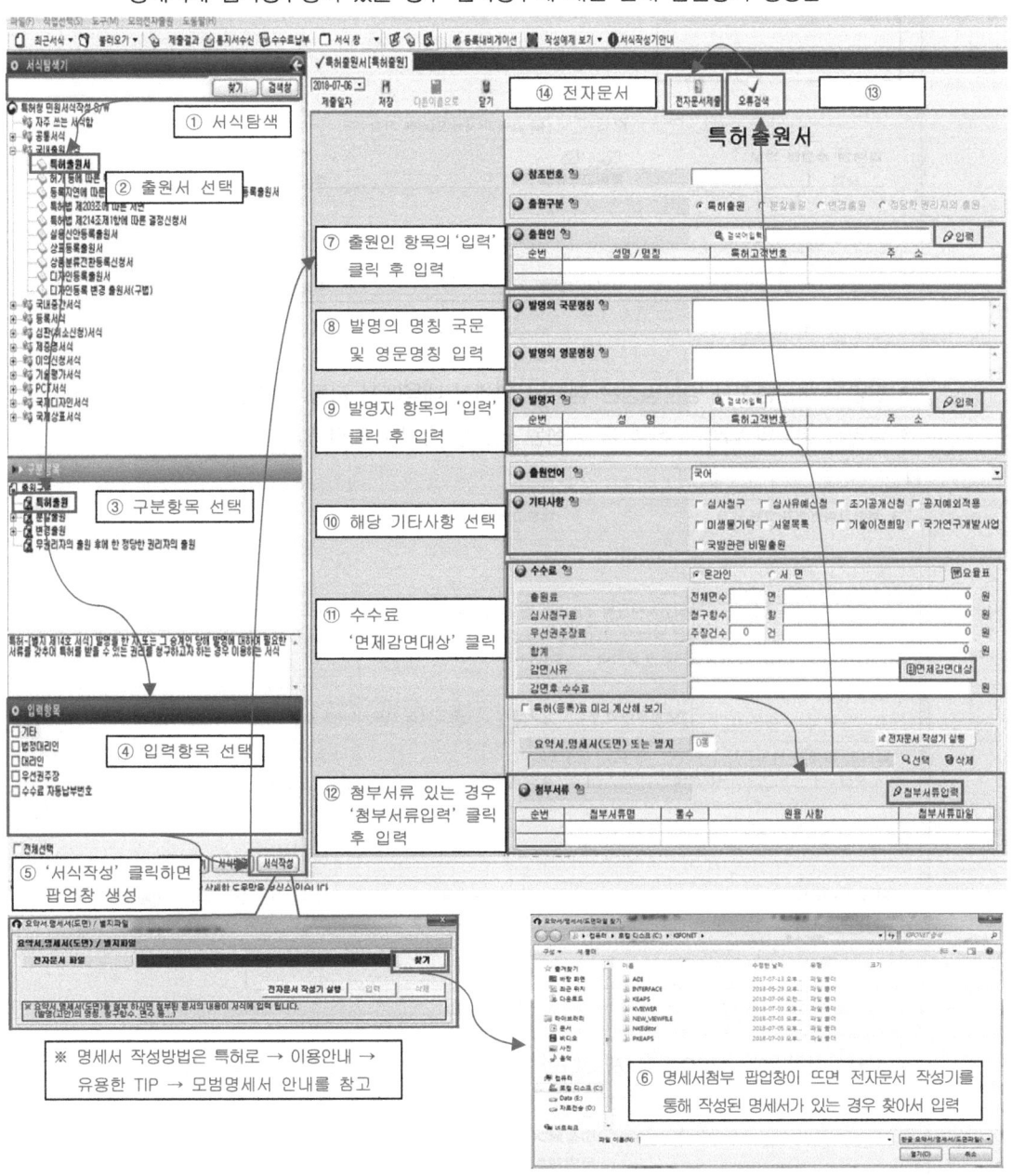

b. 출원서 항목별 입력방법은 다음과 같습니다.

- 출원인 항목의 입력방법

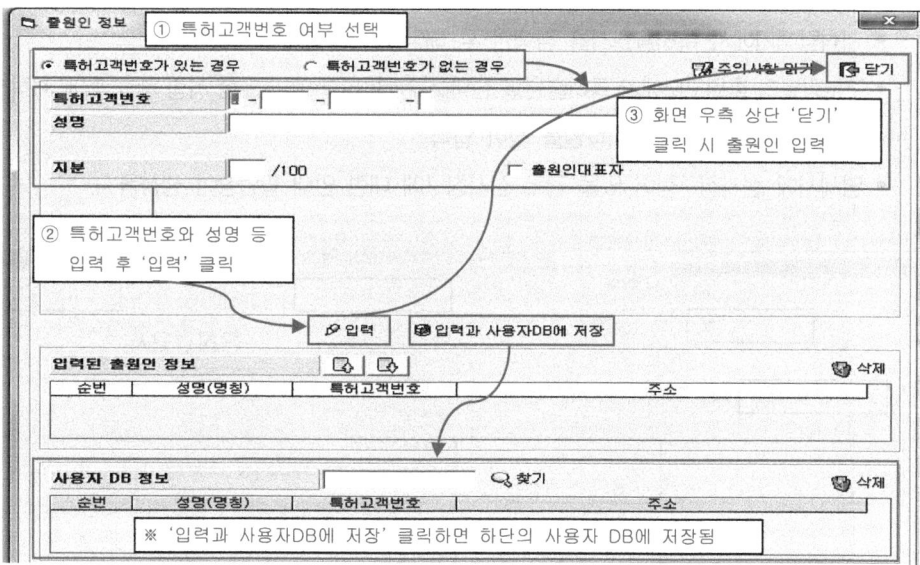

- 발명의 국문명칭과 영문명칭은 첨부된 명세서 내용에서 자동 입력됨
- 발명자 항목의 입력란 선택 후 생성된 팝업창 순서에 따라 입력

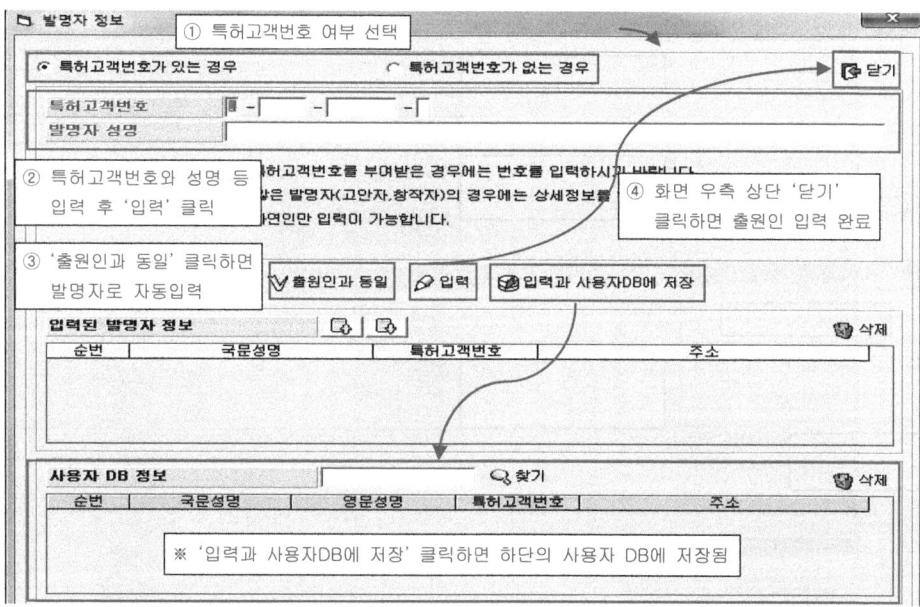

- 기타사항항목에서 필요항목 체크(다만, 심사청구는 명세서 첨부시 자동선택)

- 수수료 항목에서 면제 또는 감면대상인 경우에는 아래 순서에 따라 입력

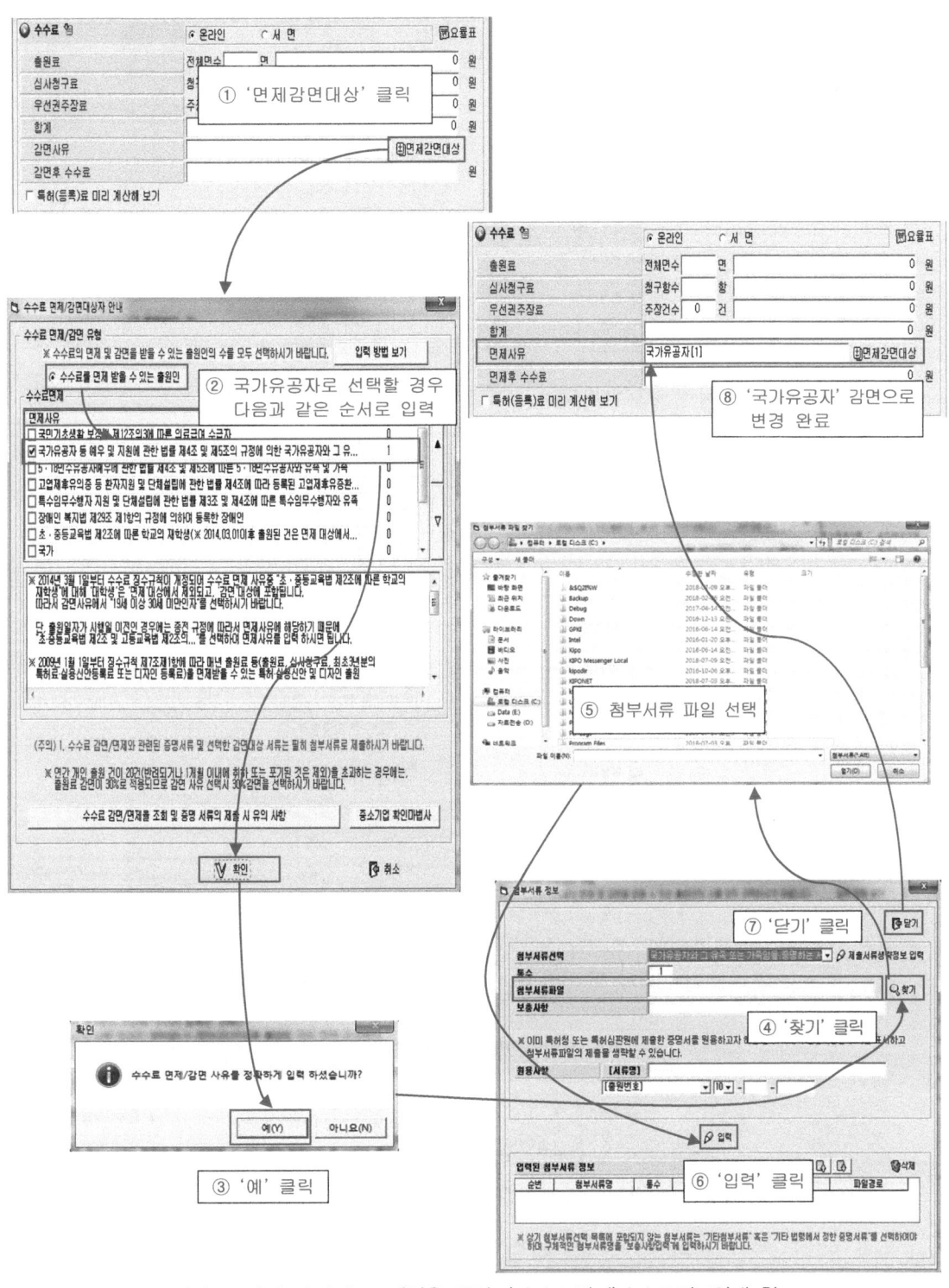

※ 수수료 감면 및 수수료 내역은 특허로>수수료관리>수수료정보안내 참고

- 위의 모든 과정을 거치면 특허출원서류가 다음과 같이 작성됨

특허출원서

특허로(www.patent.go.kr)에서 온라인으로 제출가능합니다.

- **참조번호**:
- **출원구분**: ● 특허출원 ○ 분할출원 ○ 변경출원 ○ 정당한 권리자의 출원
- **출원인**:

순번	성명/명칭	특허고객번호	주 소
1	이발명	4-2018-999999-0	

- **발명의 국문명칭**: 수소 자동차
- **발명의 영문명칭**: Hydrogen-fueled car
- **발명자**:

순번	성 명	특허고객번호	주 소
1	이발명	4-2018-999999-0	

- **출원언어**: 국어
- **기타사항**: ☑ 심사청구 ☐ 심사유예신청 ☐ 조기공개신청 ☐ 공지예외적용 ☐ 미생물기탁 ☐ 서열목록 ☐ 기술이전희망 ☐ 국가연구개발사업 ☐ 국방관련 비밀출원
- **심사청구**: 청구
- **수수료**: ● 온라인 ○ 서 면

출원료	전체면수 10 면	46,000 원
심사청구료	청구항수 2 항	231,000 원
우선권주장료	주장건수 0 건	0 원
합계		277,000 원
면제사유	국가유공자[1]	면제감면대상
면제후 수수료		0 원

☐ 특허(등록)료 미리 계산해 보기

요약서,명세서(도면) 또는 별지 1통

- **첨부서류**:

순번	첨부서류명	통수	원용 사항	첨부서류파일

c. 특허청에 서류 제출 전 오류검증을 통해 사전에 나타날 수 있는 오류를 예방합니다.
- 서식작성기 우측 상단의 오류검색을 클릭하면 출원서를 저장하라는 팝업이 나오며, 서류를 저장하면 작성내용이 올바른지 오류내용을 알려줌

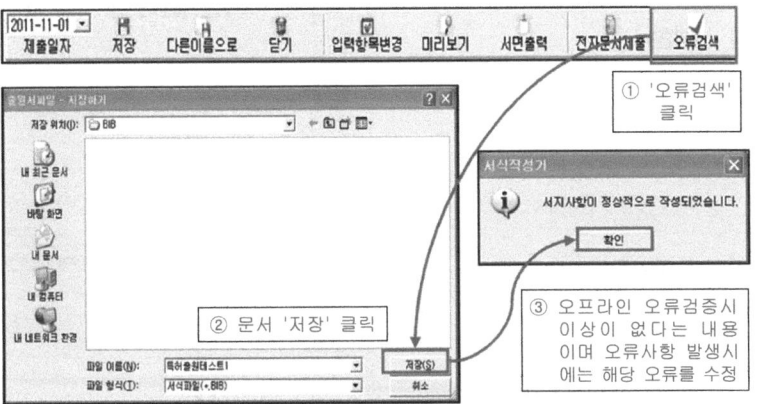

d. 사전 오류검증된 제출문서를 특허청에 제출합니다.
- 서식작성기 우측 상단의 전자문서제출을 클릭하면 특허청 표준문서(XML)로 변환되며, 제출문서의 온라인제출문서 검증을 선택(개인출원은 자동선택) 후 제출문서 생성을 클릭

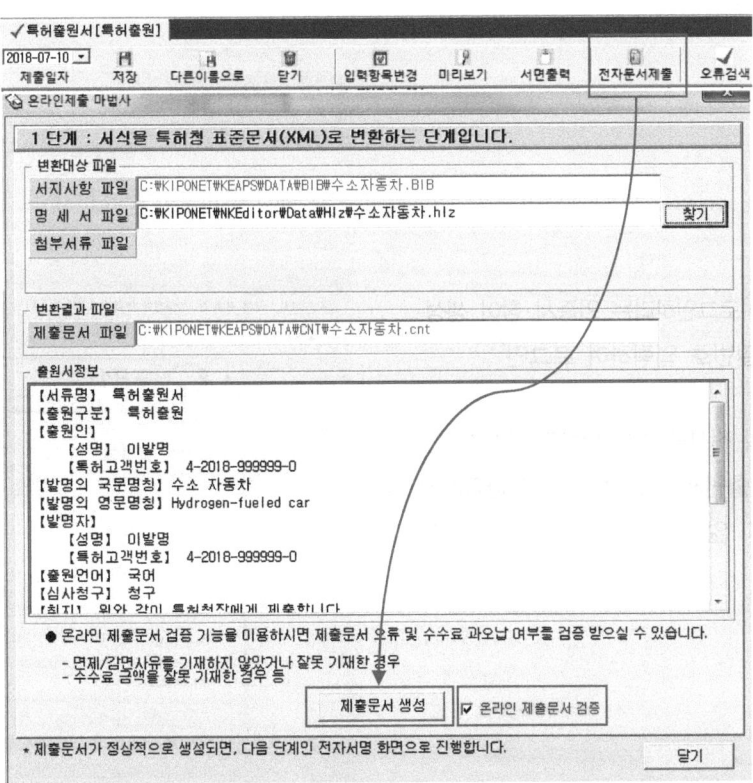

- 제출문서가 정상적으로 생성되면 생성된 제출문서의 확인을 묻는 창이 생성됨
  ※ 이 때 '예'를 선택하면 제출문서를 확인할 수 있으며 오류가 없다는 점이 확인되었으므로 '아니오'를 선택함

- 로그인이 필요한 화면창이 생성되면 '로그인' 클릭

- 공인인증서 로그인하라는 인증서 창이 생성 인증서 비밀번호 입력하여 로그인

  ※ 특허청의 전산을 통한 오류검증은 출원인 정보나 출원서류 정보 등 사전검증에서 검증되지 않은 오류를 전산과 대조하여 검증함

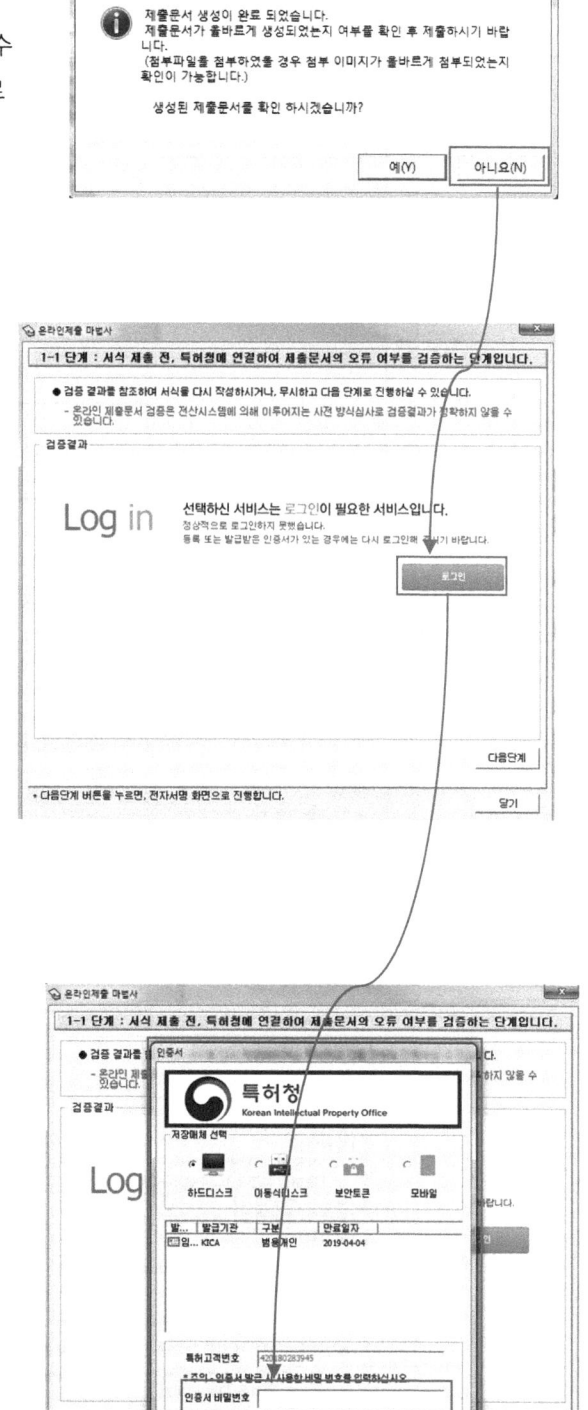

- 특허청 전산내용과 제출 내용이 다른 경우에는 검증결과에 오류가 있다는 표시가 나타남.
  해당 출원서는 오류검증 결과 정상이므로 다음 단계로 이동 (오류 사항이 있을 경우에는 해당 부분의 오류사항을 수정한 후 제출)

- 전자서명 확인 단계로 인증서 확인 후 서명을 선택하고 다음 단계로 이동

- 동일문서가 중복으로 제출되었는지 확인하는 단계로 중복제출로 조회된 경우에는 이전에 동일서류가 제출되었는지 체크

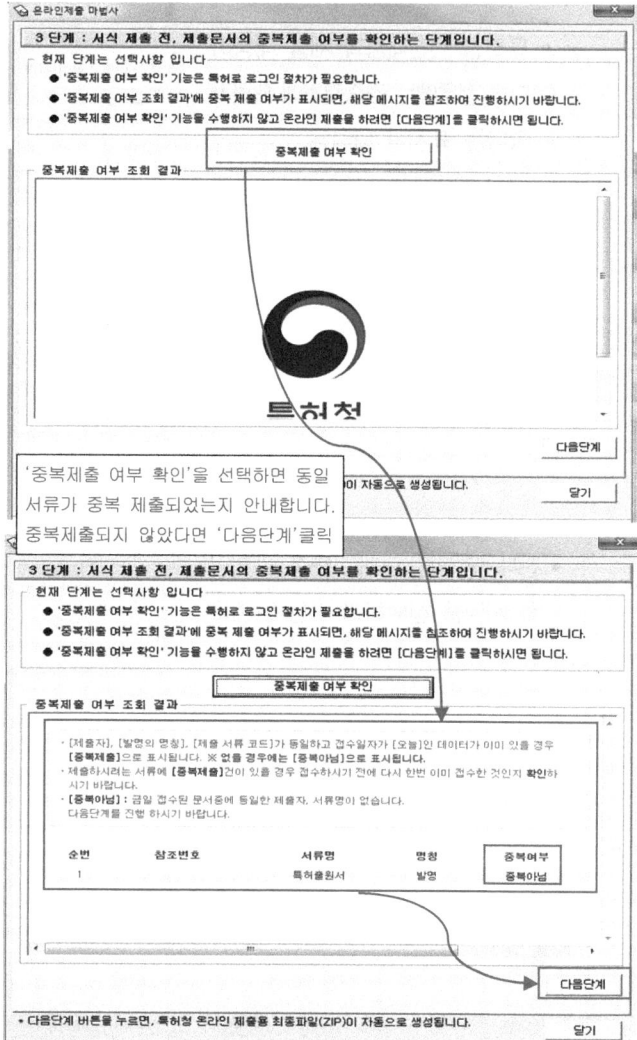

- 전자서명 파일을 특허청에 제출하려면 '온라인제출'을 클릭 후 온라인 제출 팝업창이 뜨면 '예'를 선택

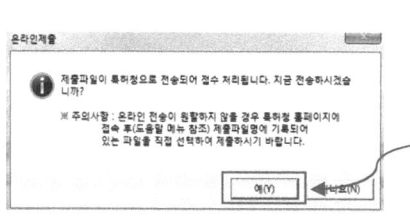

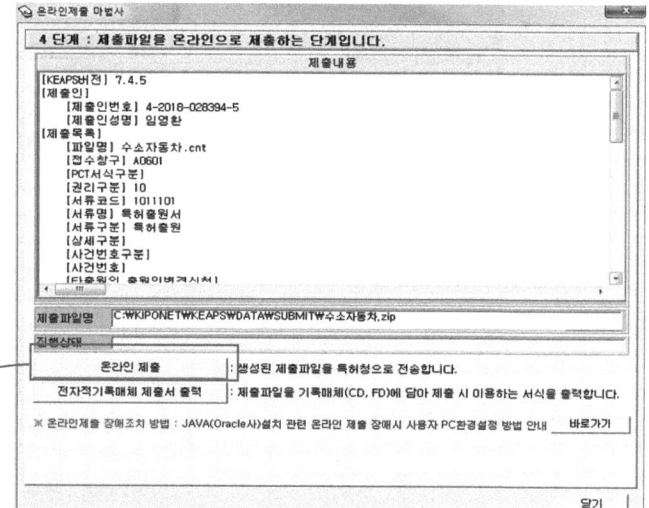

e. 온라인을 이용한 수수료 납부

- 전자출원 접수 후에는 접수내용을 확인할 수 있으며 수수료 납부 사항이 있을 경우에는 온라인 또는 인터넷지로로 납부 가능

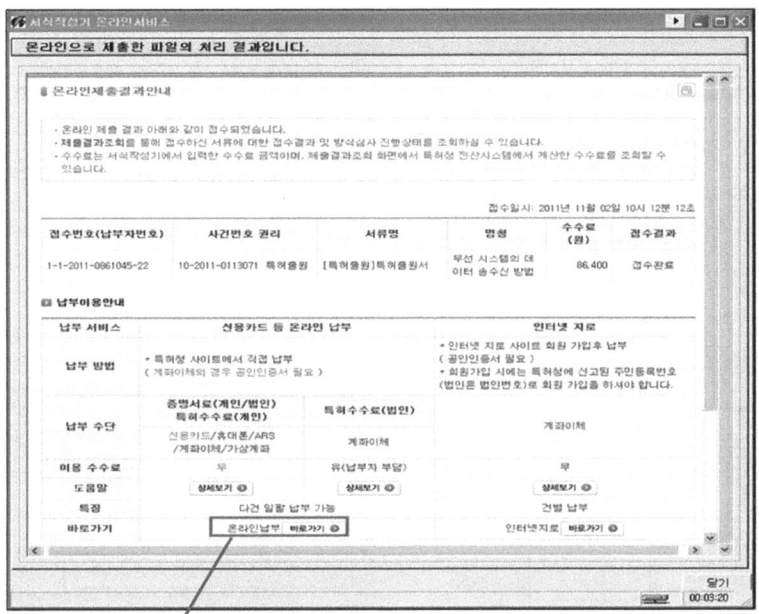

- 온라인 제출 파일 처리결과 창에서 '온라인 납부'를 클릭하면 해당 출원인의 납부 대상 출원 건이 조회가 되며 납부할 서류를 선택 후 수수료를 납부

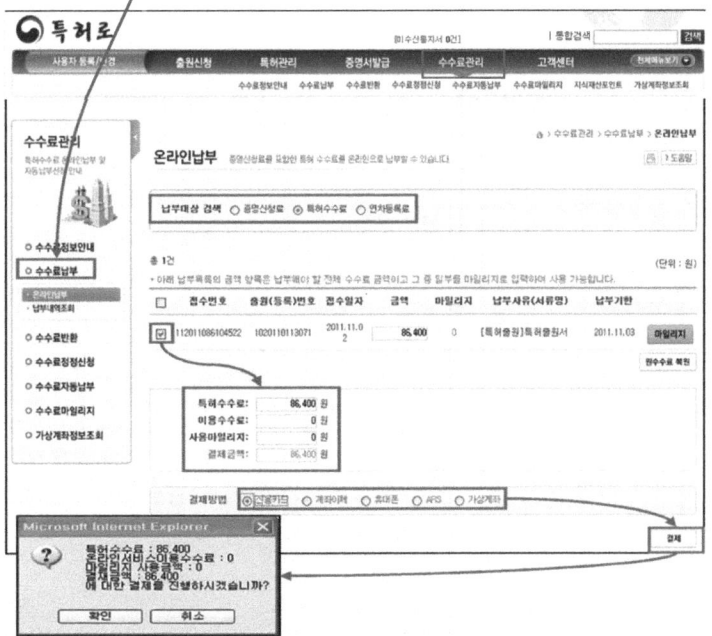

- 이후 납부방법은 일반적으로 사용하는 납부방법과 같음

⑦ 취하서의 작성 예제로 앞장의 출원서 작성방법을 참고하여 취하서 작성순서에 따라 주요 내용을 작성합니다.

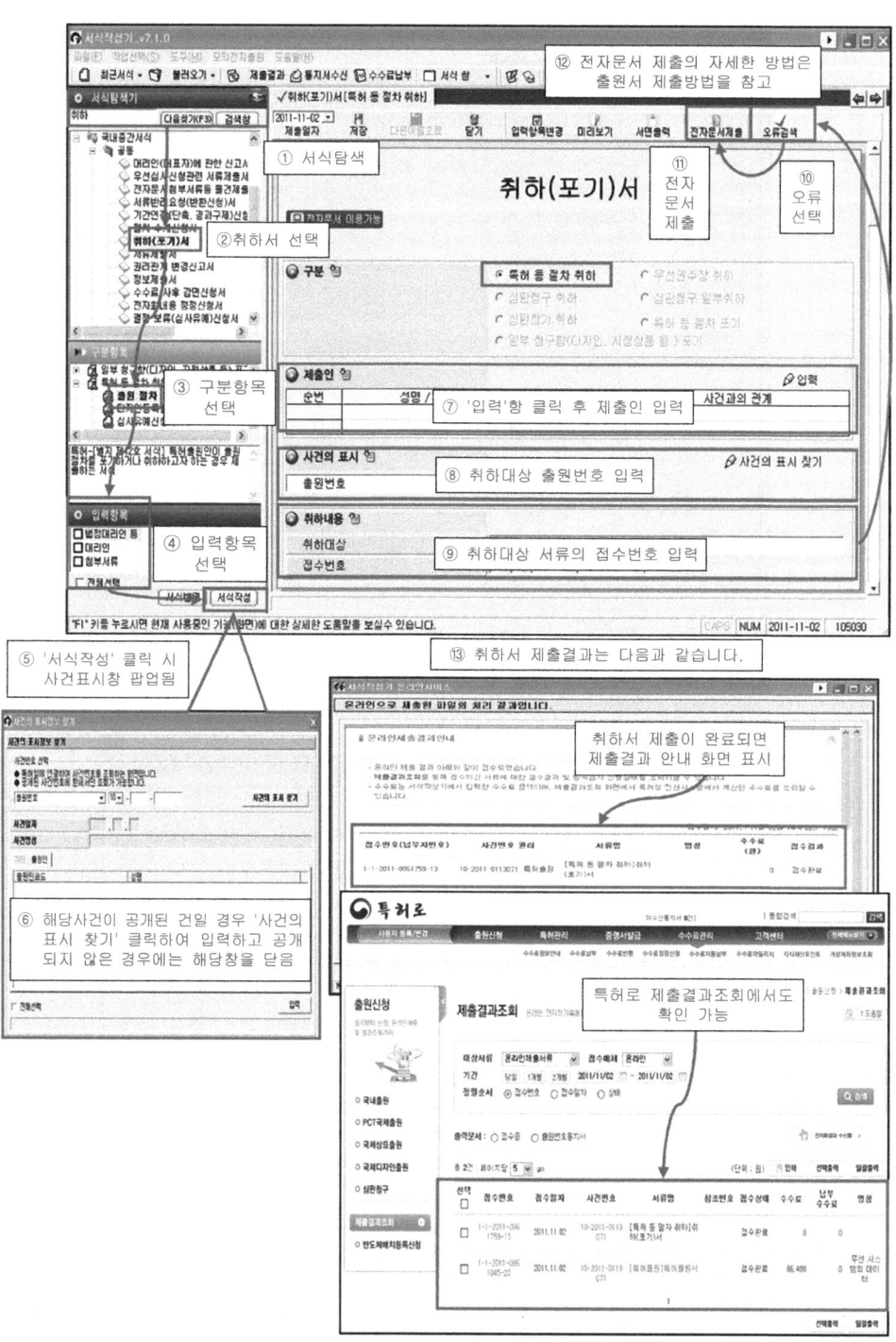

(3) 서식다운로드를 이용한 출원

① 홈페이지(www. Kipo.go.kr) 내 서식다운로드는 서면 출원 시 필요한 서류이며,

② 홈페이지 내 '민원서식다운로드'에서 출원 관련 서식을 내려 받을 수 있습니다.

③ 민원서식은 아래와 같이 구분하여 3가지 방법으로 검색할 수 있습니다.

국가상징 알아보기	특허청	본문바로가기　HOME　사이트맵　ENGLISH
		사이트내검색　[검색어 입력]　검색

Q 정보공개　　민원/참여　　소식알림　　책자/통계　　정책/업무　　지식재산제도　　청소개

책자/통계　　◯ 현재 위치　HOME · 책자/통계 · 민원서식 · **민원서식**

법령 및 조약

민원서식

민원서식 | 고객이 궁금해하시는 다양한 정책 정보서비스를 만나보실 수 있습니다.

간행물

특허청 전자도서관

법령별 서식◉　　분야별 서식 ◯　　서식번호 ◯

전체 ◉　특허 ◯　실용신안 ◯　디자인 ◯　상표 ◯　반도체배치설계 ◯　행정서식 ◯　기타 ◯

민원서식

서식 키워드 검색 :　　　　　검색

통계

주요 서식 : 특허/실용신안(6), 상표(3), 디자인(5)

지식재산 동향

M.O.U.

서식명	서식번호	파일	작성예제
(공무원직무발명의처분관리및보상등에관한규정시행규칙) **직무발명신고서**	1	📄	
(공무원직무발명의처분관리및보상등에관한규정시행규칙) **국유특허권 등록요청서**	2	📄	

① **법령별 서식◉**　　분야별 서식 ◯　　서식번호 ◯

전체 ◯　특허 ◉　실용신안 ◯　디자인 ◯　상표 ◯　반도체배치설계 ◯　행정서식 ◯　기타 ◯

특허법시행규칙 ◉　　특허권등의등록령시행규칙 ◯

서식 키워드 검색 :　　　　　검색

주요 서식 : 특허/실용신안(6), 상표(3), 디자인(5)

서식명	서식번호	파일	작성예제
(특허법시행규칙) **전문기관의 등록취소 및 업무정지의 기준(제36조의3 관련)**		📄	
(특허법시행규칙) **위임장**	1	📄	🗂
(특허법시행규칙) **기간 연장(기간 단축, 기간 경과 구제, 절차 계속)신청서**	10	📄	🗂
(특허법시행규칙) **절차 수계(수계신청명령, 무효처분)신청서**	11	📄	
(특허법시행규칙) **취하(포기)서**	12	📄	🗂
(특허법시행규칙) **서류제출서**	13	📄	🗂

법령별 서식○ ②분야별 서식 ⦿   서식번호○

전체○   출원,심판 ⦿   등록○   반도체배치설계○   행정서식○   기타○
출원공통 ⦿   특허,실용신안○   디자인출원○   상표출원○   PCT국제출원○

서식 키워드 검색 : [   ] 검색

주요 서식 : 특허/실용신안(6), 상표(3), 디자인(5)

서식명	서식번호	파일	작성예제
(실용신안법시행규칙) **실용신안등록출원서**	1	📎	💻
(특허법시행규칙) **위임장**	1	📎	🗂
(특허법시행규칙) **기간 연장(기간 단축, 기간 경과 구제, 절차 계속)신청서**	10	📎	💻
(특허법시행규칙) **절차 수계(수계신청명령, 무효처분)신청서**	11	📎	
(특허법시행규칙) **취하(포기)서**	12	📎	💻
(특허법시행규칙) **서류제출서**	13	📎	💻

법령별 서식○   분야별 서식○ ③ 서식번호 ⦿

제 [   ] 호 [   ] 서식 검색

주요 서식 : 특허/실용신안(6), 상표(3), 디자인(5)

서식명	서식번호	파일	작성예제
(반도체집적회로의배치설계에관한법률시행규칙) **수수료[제23조관련]**		📎	
(특허법시행규칙) **전문기관의 등록취소 및 업무정지의 기준(제36조의3 관련)**		📎	

④ 홈페이지 민원서식다운로드에서 다운 받은 서식 작성요령

a. 작성하고자 하는 서식을 제공받아 해당사항들을 순서에 맞게 기재하시기 바랍니다.

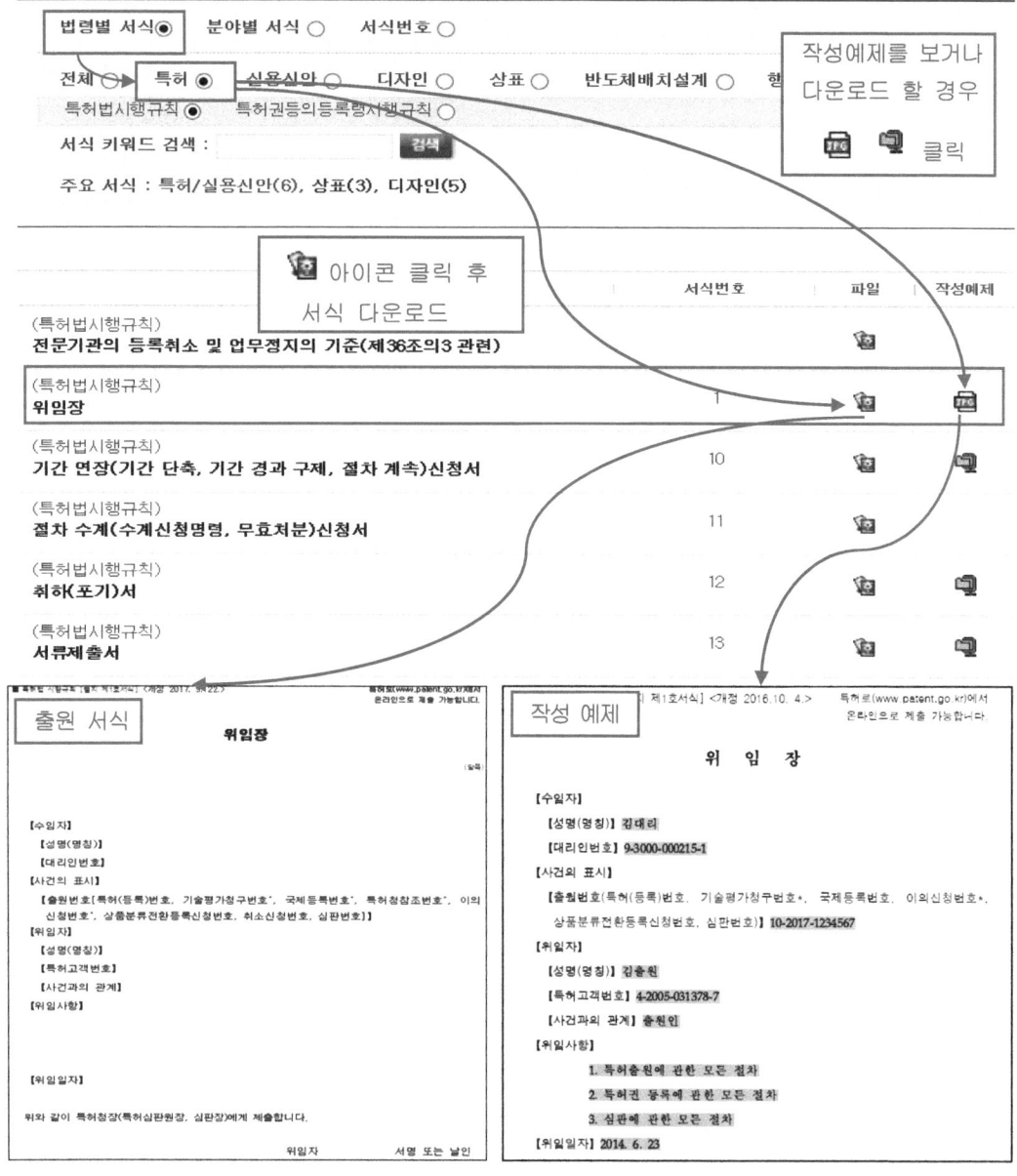

⑤ 작성서류 서면 제출

a. 작성된 서류는 첨부서류와 수수료(우편환 이용)를 동봉하여 특허청으로 발송하시거나 특허청 고객지원실(대전) 또는 특허청 서울사무소에서 직접 제출할 수 있으며

b. 우편 발송시에는 대전광역시 서구 청사로 189 정부대전청사 4동(우편번호 35208)으로 보내기 바랍니다.
  ※ 문의 : 특허청 고객상담센터 : 1544-8080(발명발명)

2. 출원서류 제출결과 조회

① 홈페이지(www.kipo.go.kr)에서 제출된 서류의 진행사항과 제출된 서류들을 확인할 수 있습니다.

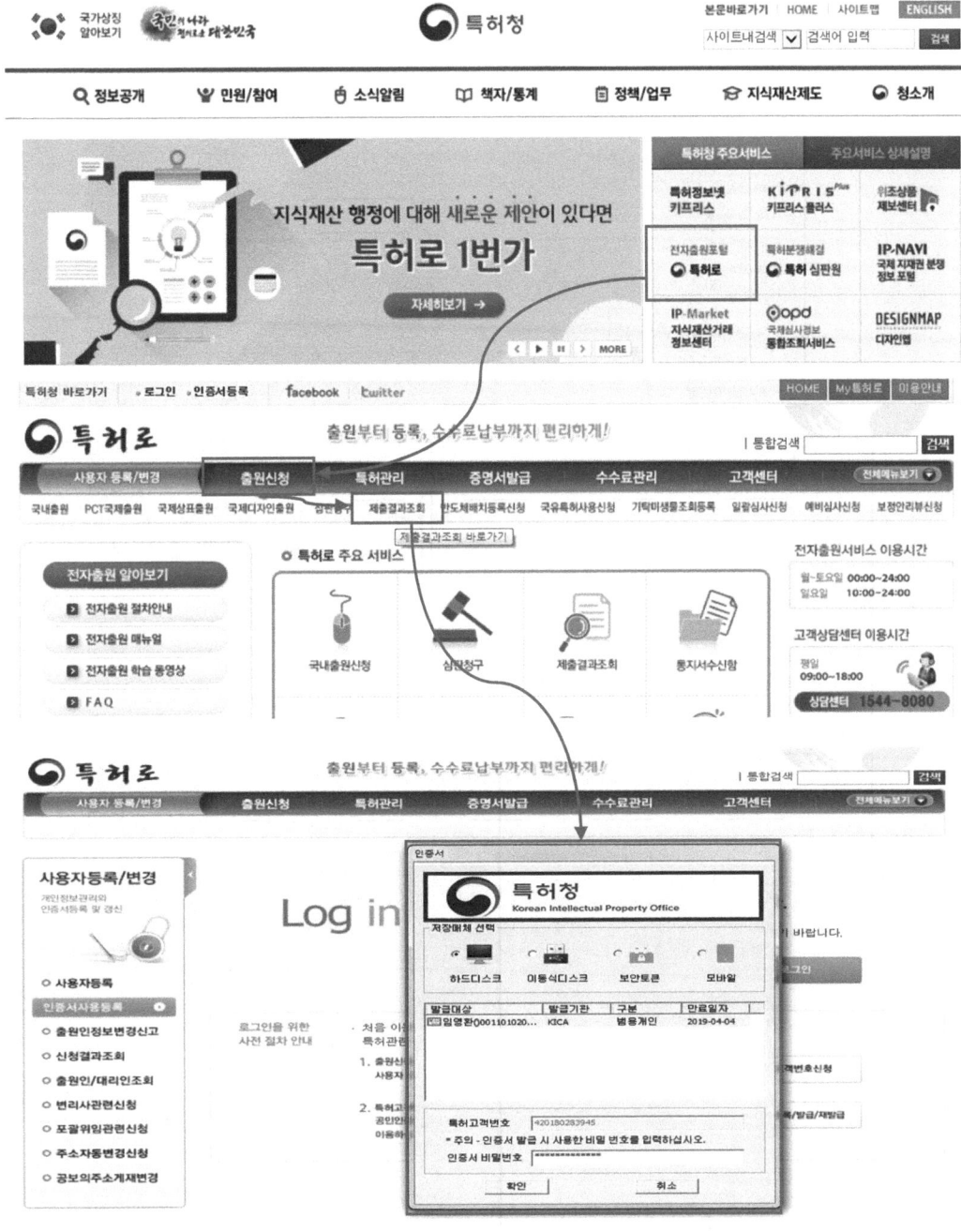

② 특허로〉출원신청〉제출결과조회 에서 인증서를 통해 접속합니다.

③ 해당 페이지에서는 조회조건을 통해 제출서류에 대한 정보를 확인할 수 있습니다.
수수료 납부는 특허로〉수수료관리〉수수료납부에서도 가능합니다.

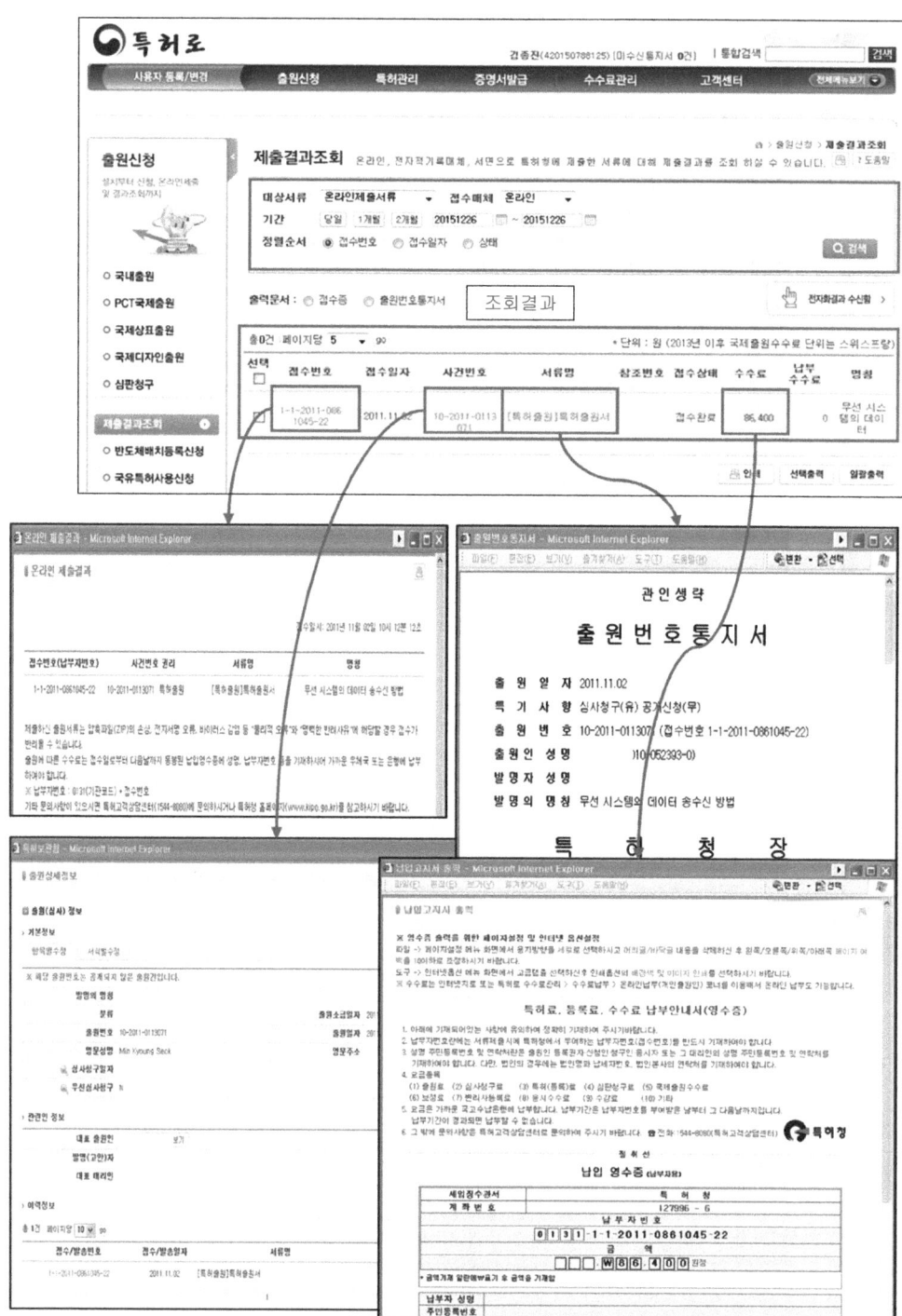

Ⅳ. 틀리기 쉬운 서식 기재사항

1. 틀리기 쉬운 특허(실용신안등록)출원서 기재사항

① 출원구분의 특허(실용신안등록)출원을 "정당한 권리자의 출원"으로 잘못 선택

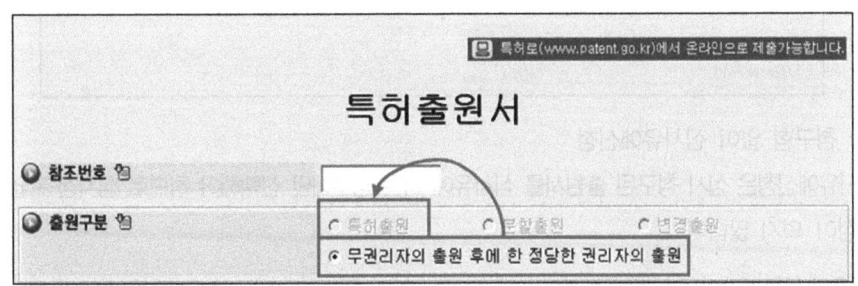

a. '정당한 권리자'의 출원은 자신의 출원을 침해한 무권리자의 특허출원일로 소급 받을 때 이용하는 서식입니다.

b. 출원인이 정당한 권리자이므로 출원구분항목의 '특허출원'을 선택하지 않고 '정당한 권리자의 출원'을 선택하는 경우가 많습니다.

c. '정당한 권리자의 출원'은 무권리자의 출원일로 소급받아야 하므로 '무권리자 출원의 출원번호' 기재와 함께 정당한 권리자임을 증명할 수 있는 서류(심판 등을 통해 무권리자가 권리를 침해했음을 증명하는 서류 등)를 제출하여야 합니다.

② 발명자(고안자, 창작자)에 법인 등을 잘못 기재

순번	성 명	특허고객번호	주 소
1	이발명	4-2018-999999-0	

a. 발명자(고안자, 창작자)는 자연인으로서 법인 등은 발명자가 될 수 없습니다.

b. 특허고객번호가 있는 경우에 서식작성기나 웹출원에서는 자연인에게 부여된 코드 (4 또는 6으로 시작되는 코드)로 확인이 가능하나 서면출원 시에는 주의하여야 합니다.

c. 특허고객번호가 없는 경우에 서식작성기나 웹출원에서 입력사항을 통해 발명자가 자연인인지 법인인지 확인이 불가능(외국국적일 경우) 할 수 있으므로 주의하여야 합니다.

③ 기타사항 주요 오기재 사항

a. 명세서에 심사청구범위 기재 없이 심사청구
   - 심사는 명세서의 특허청구범위에 대한 심사가 주 대상이므로 명세서에 심사청구범위가 기재된 경우에만 심사청구 대상이 되나, 심사청구범위의 기재 없이 심사청구 하는 경우에는 청구범위제출유예 안내문이 발송되고 있습니다.

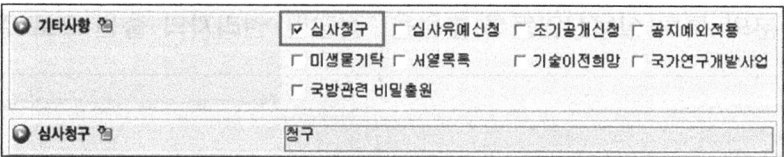

b. 심사 청구항 없이 심사유예신청
   - 심사유예신청은 심사 청구된 출원서를 심사유예 하는 경우에만 선택해야 하므로 심사청구 없이 심사유예 신청이 되지 않습니다.

c. 심사유예신청기간이 24개월 초과
   - 유예기간은 심사청구일로부터 24개월이 지난 후부터 36개월까지 유예신청이 가능하나 초과된 개월 수를 기재하는 경우가 있습니다.(서면 제출 시)

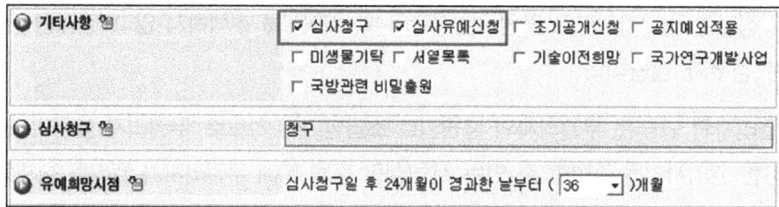

   - 명세서에 특허청구범위가 기재되지 않은 상태에서는 권리확정이 되어 있지 않았기에 조기 공개신청 대상이 될 수 없습니다.

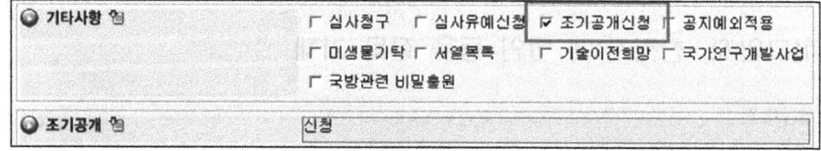

d. 공지예외적용대상인 경우 기재사항 및 첨부서류 미비
   - 공지예외 적용대상인 경우에는 증명서류의 내용에 공개형태 및 공개일자를 기재하고 해당 증명서류를 출원서 제출일로부터 30일 내에 제출하여야 하나 공지예외적용만 체크한 경우가 있습니다.

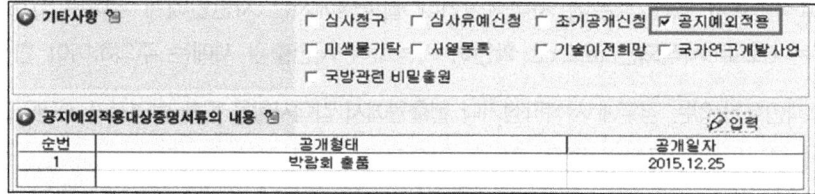

e. 미생물기탁 사항의 □에 표시 후 해당내용 미기재 및 증명서류 미첨부
  • 미생물기탁의 경우에는 전자문서작성기를 이용하여 식별항목 중 수탁기관을 선택하고 기탁기관명, 수탁번호, 수탁일자를 기재한 명세서를 제출하여야 합니다.

f. 서열목록 사항의 □에 체크한 후 해당내용 미기재 및 증명서류 미첨부
  • 서열목록의 경우에는 서열개수 및 서열목록을 첨부하여야 합니다.

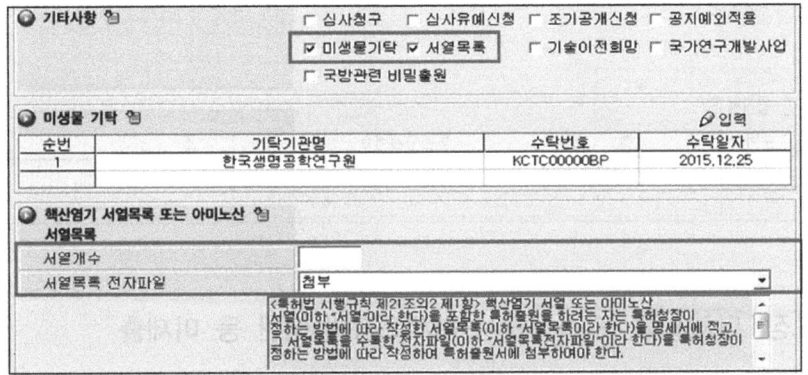

④ 첨부서류 선택항목과는 다른 첨부서류 파일을 첨부한 경우

a. 첨부서류 선택항목과 다른 첨부서류파일을 첨부하는 경우에는 보정대상이 됩니다.

b. 단, 첨부서류 선택항목과 다른 첨부파일 명칭이지만, 내용이 일치하는 경우에는 확인과정을 거쳐 출원서류가 수리되므로 시간이 지연될 수 있습니다.

c. 첨부서류 대신 원용사항을 기재하는 경우에는 해당서류가 원용사항 대상에 해당되어야 합니다.(원용대상 서류는 위임장, 우선권주장증명서류, 공지예외적용대상 증명서류등 특허법 시행규칙 제10조에 규정된 증명서류만 해당됩니다.)

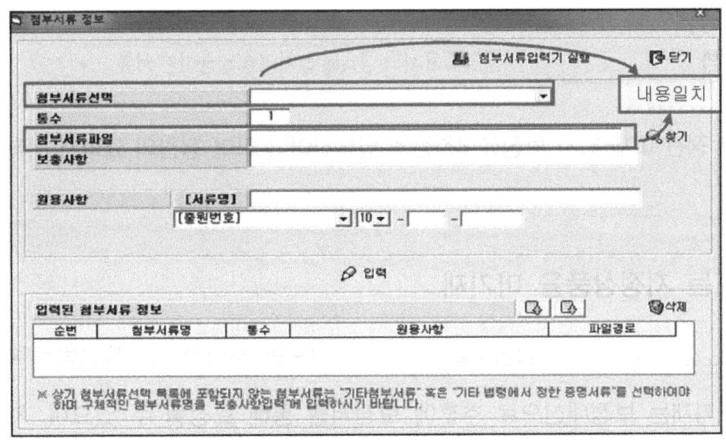

  ※ 서식작성기에서는 서식작성기의 첨부서류선택사항과 첨부서류입력기에서 입력된 파일의 정보가 다른 경우에는 입력이 되지 않으므로 첨부서류입력기 입력시 주의하기 바랍니다.

2. 틀리기 쉬운 상표등록출원서 기재사항

① 단체표장, 지리적단체표장은 출원인을 자연인 명의로 하여 출원할 수 없습니다.

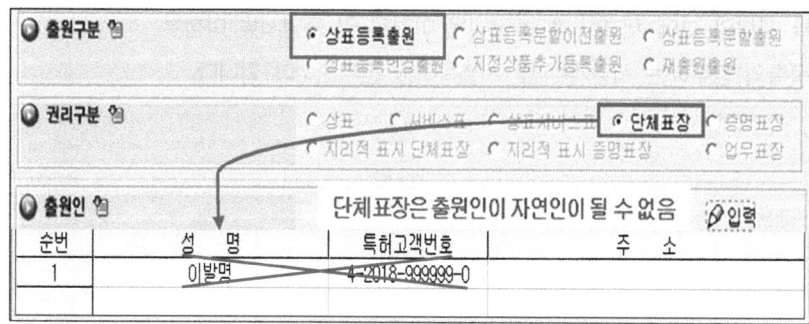

② 업무표장, 단체표장, 지리적표시 단체표장의 정관 등 미제출

   a. 업무표장은 "업무의 경영사실"을 증명하는 서류인 정관(또는 인가증 등)을 첨부하여야 합니다.

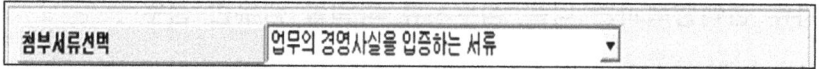

   b. 단체표장은 정관 및 단체표장의 사용에 관한 정관의 요약서를 첨부하여야 합니다.

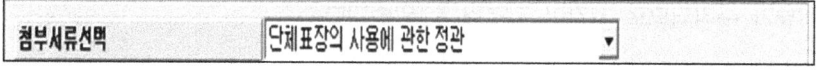

   c. 지리적표시 단체표장은 정관, 정관의 요약서, 지리적 표시의 정의에 합치함을 입증하는 서류를 첨부하여야 합니다.

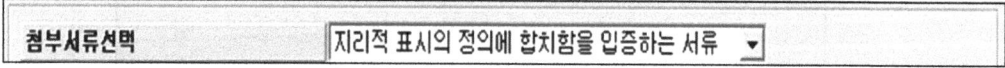

   d. 단체표장은 정관 미제출 시 보정료 4천원을 납부하여야 하며 정관의 요약서 미제출 시는 보정료가 없습니다.

③ 상품류 또는 지정상품을 미기재

   a. 상표출원은 상품류 또는 지정상품을 기재하지 않으면 해당상표를 등록받을 수 없습니다.

   b. 상품류 미기재는 보정대상으로 추후에 보정서를 통해 보정될 수 있으며, 지정상품 미기재는 절차보완서를 통해 보완될 수 있습니다.

※ 절차보완서 : 절차상 명백한 하자로 출원서 제출일자가 보완서 제출일자로 변경되며 절차보완 시 1만원의 보완료를 납부하여야 합니다.

등록대상			∅ 입력
순번	상품류		지정상품
	상품류 미기재시 보정대상, 지정상품 미기재시 절차보완대상		

④ 상표견본을 미첨부

a. 상표등록출원을 하려면 출원서와 함께 상표견본 1통을 첨부하여야 하는데 첨부하지 않는 경우가 있습니다.

b. 입체적 형상상표, 홀로그램상표, 동작상표 및 그 밖에 시각적으로 인식할 수 있는 상표는 그 견본을 2장 이상 5장 이하의 도면 또는 사진으로 작성하여 제출해야 합니다.

c. 상표견본을 첨부하지 않은 경우에는 절차보완 대상으로 절차보완서를 통해 출원서를 보완해야 합니다.

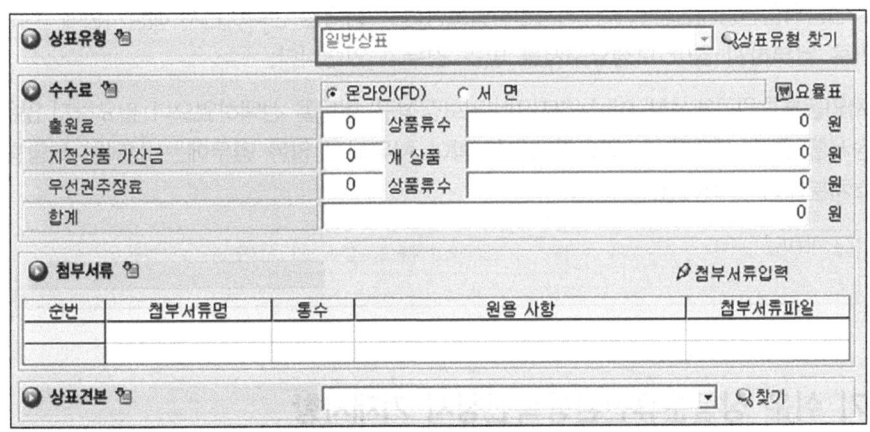

⑤ 분할출원 시 수수료 계산 및 삭제보정 오류

a. 해당 류를 전부 분할하지 않고 그 류의 일부 지정상품을 분할할 경우 신규 출원료(류당 온라인 62천원, 서면72천원)를, 해당 류 전체를 분할출원하는 경우에는 1만원의 수수료를 납부해야 합니다.

b. 분할출원의 경우 원출원에서 분할출원 "대상 상품을 삭제하는 보정"을 반드시 하여야 합니다.

3. 틀리기 쉬운 디자인등록출원서 기재사항

① 단독디자인, 관련디자인 여부를 잘못 선택

a. 관련디자인을 선택한 경우에는 관련디자인의 기본이 된 기본디자인의 표시를 기재하여야 하나 기재하지 않고 제출하면 보정의 대상이 됩니다.

b. 단독디자인임에도 관련디자인으로 기재하여 제출한 경우에는 보정서를 통해 보정하여야 합니다.

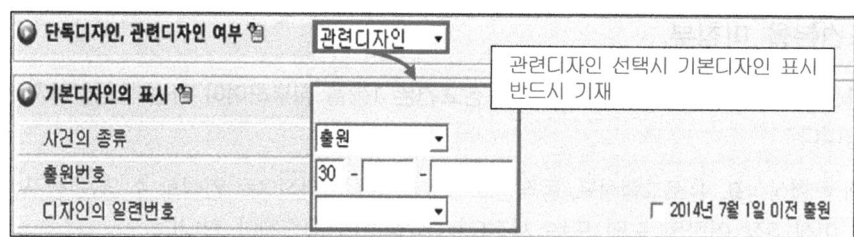

② 기타사항 기재 후 수수료 미납

a. '디자인등록출원공개신청' 이나 '디자인비밀보장청구' 항목을 선택하면서 해당사항에 대한 수수료를 추가로 납부하지 않아 보정요구서를 받는 경우가 있습니다.

b. '디자인등록출원공개신청' 이나 '디자인비밀보장청구' 항목을 선택하였으나 필요하지 않은 경우에는 보정서를 통해 삭제할 수 있으며 보정사항이 치유되지 않은 경우에는 선택한 해당항목이 일부 무효처분대상이 됩니다.

4. 틀리기 쉬운 상품분류전환등록신청서 기재사항

① 전환등록대상에 상품류 및 지정상품 미기재

a. 전환등록신청 시 지정상품을 기재하지 않으면 절차보완대상에 해당되며,

b. 원출원의 지정상품과 다른 지정상품이 전환등록대상으로 기재된 경우에는 심사시 거절사유에 해당될 수 있습니다.

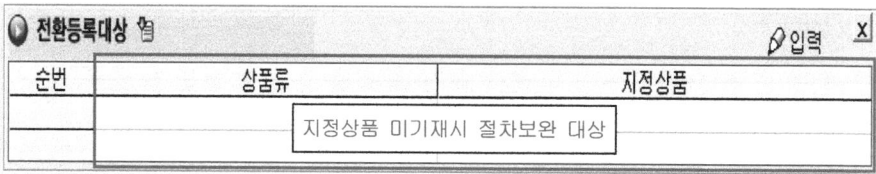

5. 틀리기 쉬운 보정서 기재사항

① 보정서 제출 시 제출원인번호를 잘못 기재

a. 특허청의 보정요구서 통지에 대한 보정서 제출 시에는 제출종류를 '통지'로 선택하고 제출원인서류 (보정요구서, 의견제출통지서 등)의 발송번호를 기재하여야 함에도 다른 제출원인번호를 기재하여 반려되거나 보정서 수리가 지연되는 경우가 있으므로 주의해야 합니다.

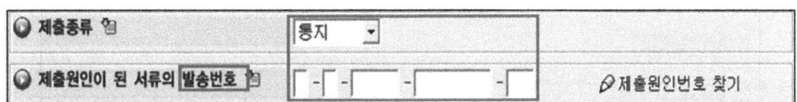

b. 출원서등 서류를 자진하여 보정하는 경우에는 제출종류를 '자진'으로 선택하고 제출원인서류(출원서 등)의 접수번호를 기재하여야 합니다.

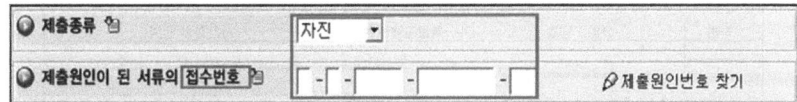

② 보정료가 있는 보정서 제출 시 수수료 미납

a. 위임장 미제출 등 절차보정의 경우에는 보정사항 치유와 함께 보정료 4,000원(서면보정14,000원)을 납부하여야 합니다.

b. 명세서, 도면, 견본 등 내용 보정의 경우에는 보정사항 치유와 함께 보정료 4,000원(서면보정14,000원)을 납부하여야 합니다.

c. 심사청구중인 명세서 보정시 청구항의 수가 증가하는 경우에는 보정료와 함께 청구항의 증가에 따른 수수료를 납부하여야 합니다.

d. 지정상품 보정(ex : 지정상품삭제), 디자인변경보정(ex : 관련디자인 ↔ 단독디자인) 등은 보정과 함께 보정료 4,000원(서면보정14,000원)을 납부하여야 합니다.

※ 디자인변경 보정 중 일부심사에서 심사로의 보정은 53,000원(서면 63,000원)

e. 단체표장(지리적표시단체표장)의 정관 미제출에 따른 보정시 정관 제출과 함께 보정료 4,000원 (서면보정14,000원)을 납부하여야 합니다.

f. 하나의 출원서, 청구서, 기타 절차에 관한 서류 및 그 첨부서류에 보정하여야 할 보정사항이 2이상일 경우에 이를 일시에 일괄하여 보정하는 때에는 1건의 보정으로 보아 1건의 보정료를 납부합니다.

③ 보정서 제출 시 지정기간단축 신청 주의

a. 특허청이 발송한 통지서에 대한 보정서 제출 시(특히 명세서 등 보정서) 지정기간단축의 취지를 오해하여 잘못 신청하는 경우가 있습니다. 지정기간단축은 심사처리기간의 단축이 아니라 의견제출기간의 단축을 의미하는 것으로 지정기간 단축신청을 한 이후에는 추가로 보정서를 제출할 수 없습니다.

※ 지정기간단축신청 시 주의할 서류

    a. 특허 및 실용신안 : 명세서 등 보정서

    b. 디자인 : 출원서 등 보정서, 도면 등 보정서

    c. 상　표 : 출원서 등 보정서, 상표견본 보정서, 수정정관 제출, 절차보완서

6. 틀리기 쉬운 취하서 기재사항

① 출원인과 제출인 불일치
　a. 공동출원인이 출원한 경우 취하서 제출도 출원인 모두가 제출하여야 합니다.
　b. 출원인대표가 선임되어도 취하서 제출은 출원인 모두가 제출하여야 합니다.

② 특별수권이 위임되지 않은 대리인의 취하서 제출
　a. 대리인이 출원의 변경, 포기, 취하, 국내우선권주장 및 그 취하, 청구 취하 등 권리관계에 변동을 주는 중요한 서류를 제출하는 경우에는 대리인의 위임사항에 특별수권사항이 위임되어 있어야 합니다.

③ 반환수수료 관련(특허인 경우)
　a. 출원일로부터 1개월 이내에 취하하는 경우에는 출원료와 우선권주장 신청료를 반환
　　(※ 유의사항 : 기준일이 수수료 납부일이 아니라 출원일임)
　b. 「특허법」 제84조제1항제5호에 따라 출원심사 청구 후 아래사항 중 어느 하나가 있기 전까지 취하하거나 포기한 경우 심사 청구료 반환
　　• 「특허법」 제36조제6항에 따른 협의 결과 신고 명령(동일인에 의한 특허출원에 한정)
　　• 「특허법」 제58조제1항에 따라 의뢰된 선행기술의 조사업무에 대한 결과 통지
　　• 「특허법」 제63조에 따른 거절이유통지
　　• 「특허법」 제67조제2항에 따른 특허결정의 등본 송달

V. 발송 통지서에 따른 제출서류 등 안내

1. 특허청 발송 통지서의 구성

① 보정요구서의 주요 구성

a. 발송번호 : 보정요구서의 발송번호로서 보정서 제출 시 제출원인이 되는 번호
b. 발송일자 : 보정요구서의 발송일자
c. 제출기일 : 보정요구서에 대한 보정서 제출 만료일
d. 출원번호 : 보정요구 대상 서류의 출원번호
e. 보정할 서류 : 보정요구 대상 서류의 접수번호
   ※ 보정할 서류의 접수번호는 자진보정의 경우에만 보정서의 제출원인번호를 입력
f. 보정할 사항 : 치유해야 할 보정사항 안내
g. 참고사항 : 해당 보정사항을 치유시 주의사항 안내

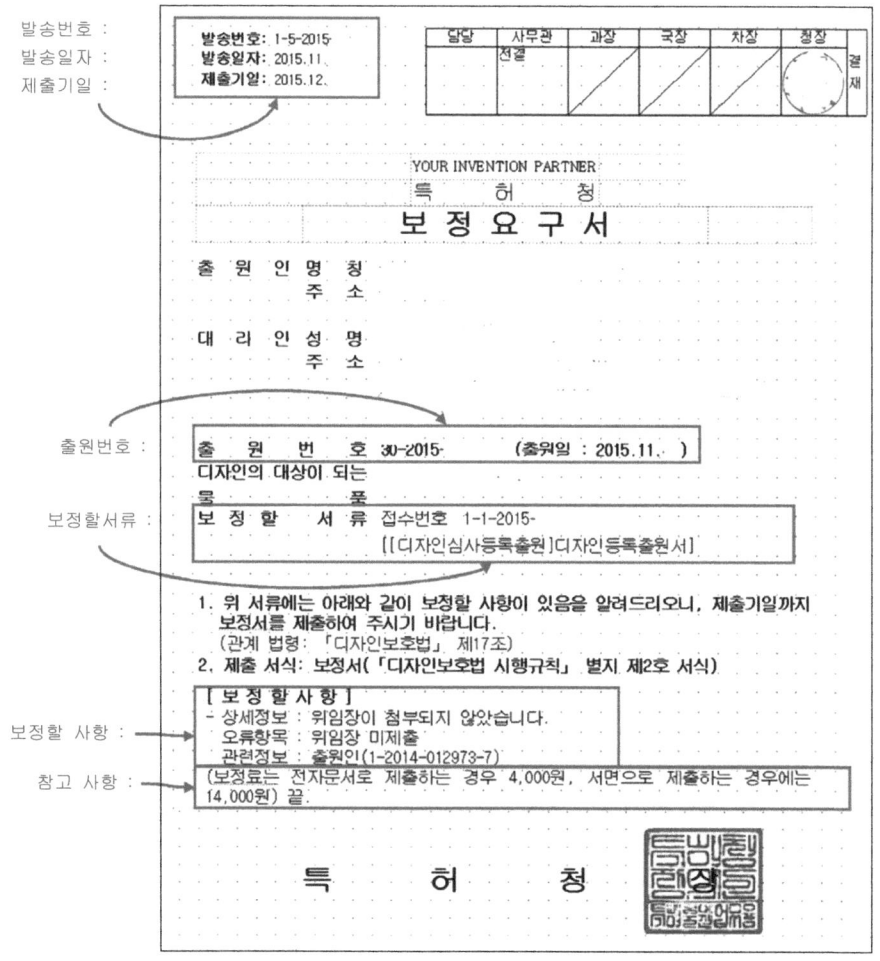

② 의견제출통지서의 주요구성

a. 발송번호 : 의견제출통지서의 발송번호로서 의견서 제출 시 제출원인이 되는 번호
b. 발송일자 : 의견제출통지서의 발송일자
c. 제출기일 : 의견제출통지서에 대한 보정서 제출 만료일(서류발송일로부터 2월)
d. 출원번호 : 의견제출통지 대상 서류의 출원번호
e. 심사결과 : 출원 명세서에 대한 심사결과 안내
f. 구체적인 거절이유 : 거절청구항의 거절사유 설명

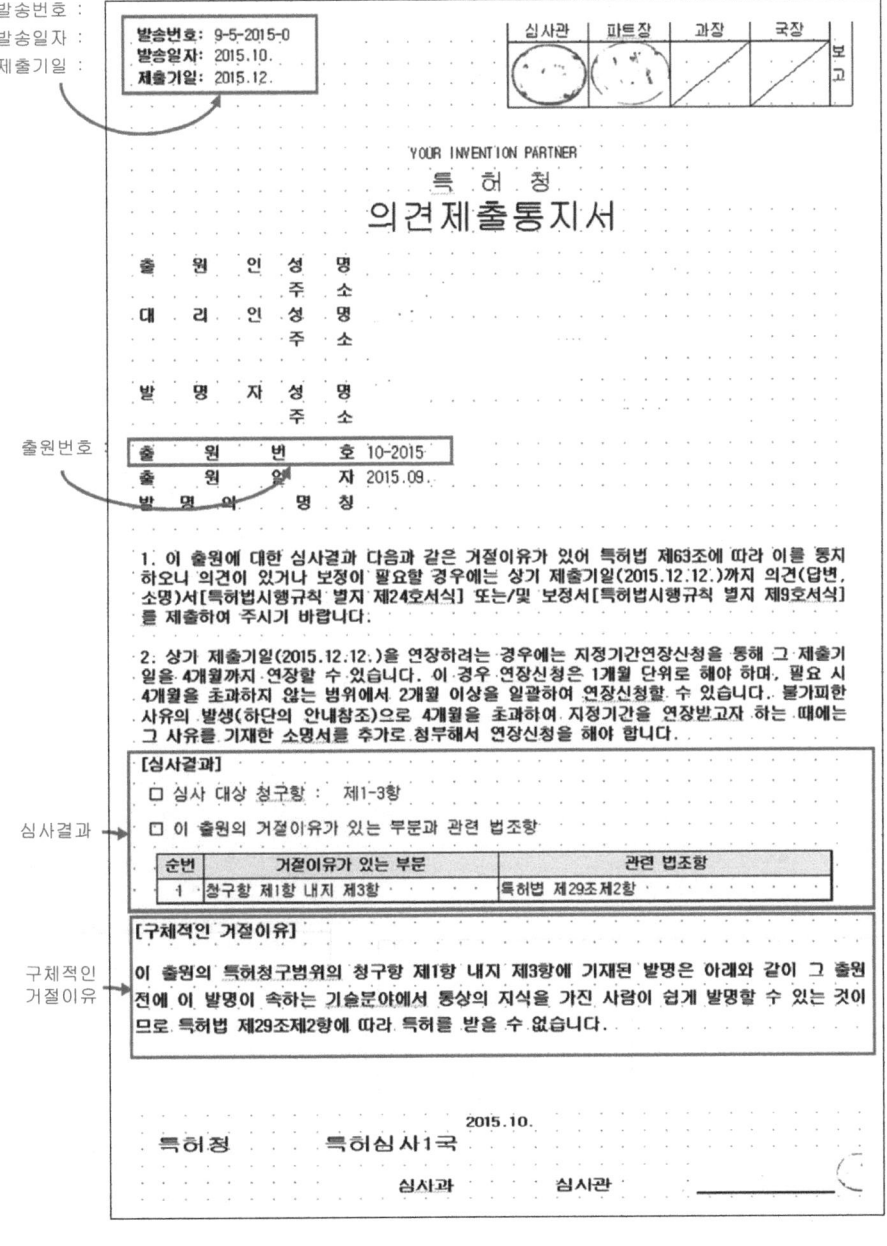

※ 서식작성기를 통해 본 보정서의 주요 구성내용

a. 보정구분 : 해당 보정구분 선택(ex. 출원서 등 보정, 명세서 등 보정)
b. 제출종류 : 자진보정인지 통지에 의한 보정인지 종류 선택
c. 제출원인 발송번호 : 제출종류가 '통지'인 경우에는 보정요구서의 발송번호, '자진'인 경우에는 해당서류의 접수번호 기재
d. 보정할 서류 : 특허출원서, 취하서 등 보정할 서류 선택
e. 보정할 사항 : 발명자 추가, 법정대리인 삭제, 미납수수료 납부, 첨부서류 제출 등 보정 대상 서류를 보정
f. 수수료 : 위임장, 명세서 보정시 4,000원(서면 14,000원)의 수수료를 납부하여야 하며, 해당서류의 수수료미납 보정건에 대해서도 수수료 기재 후 납부 가능

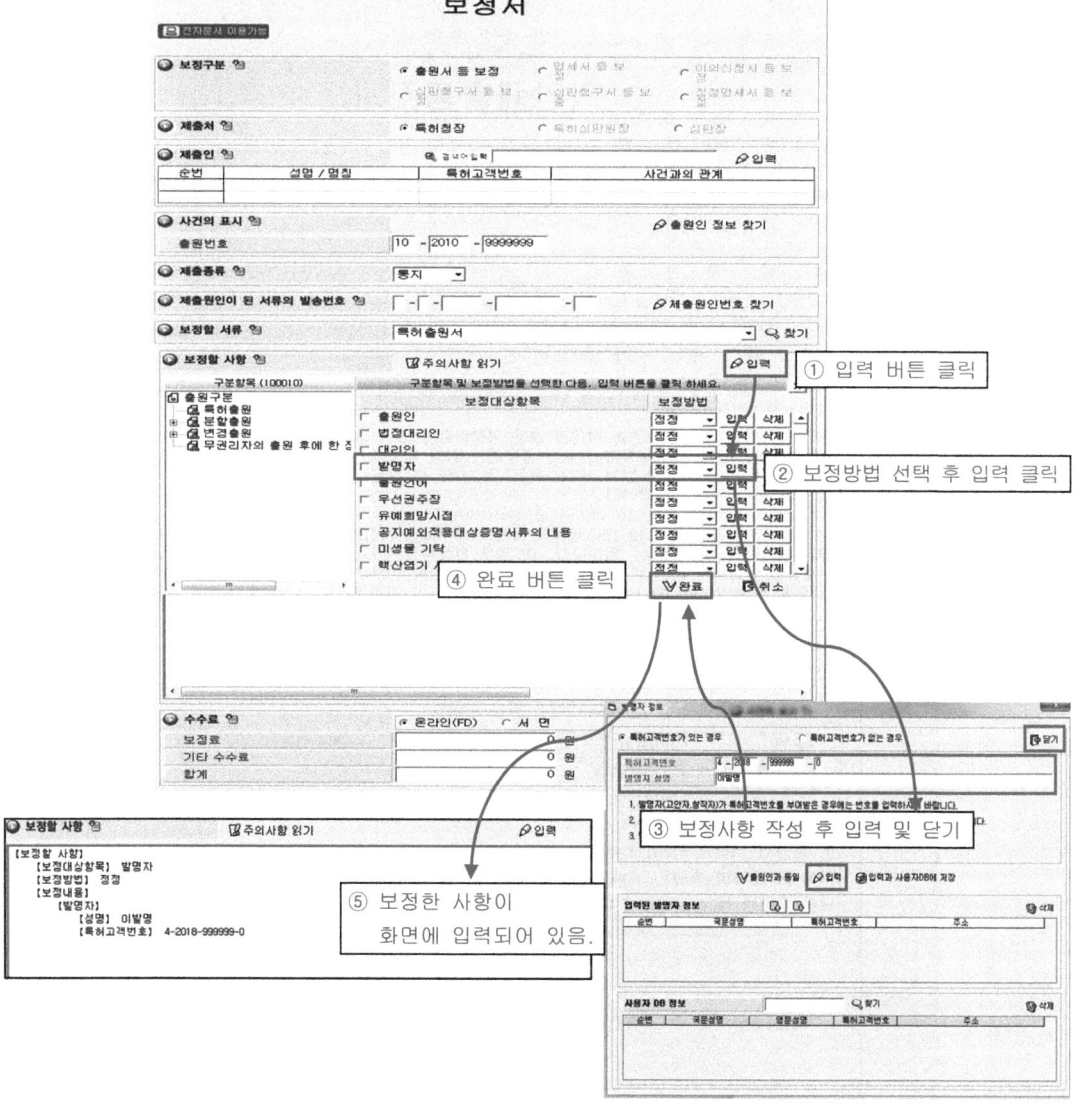

2. 주요 통지서에 따른 출원인 제출가능 서류

① 의견제출 통지서

a. 의견서 : 심사관의 의견제출통지서에 대하여 출원인의 의견 제출 시 이용하는 서식
- 서식탐색기〉국내중간서식〉특허, 실용신안〉의견(답변, 소명)서[별지 제24호 서식]
- 서식탐색기〉국내중간서식〉상표, 디자인〉의견(답변, 소명)서[별지 제1호 서식]

b. 보정서[명세서등보정] : 출원서에 첨부된 명세서나 도면 기재사항이 미흡하여 출원인이 보호하고자 하는 권리의 내용을 충분하고 명확하게 하기 위해 이용하는 서식
- 서식탐색기〉국내중간서식〉특허, 실용신안〉보정서[별지 제9호 서식]

② 보정서

a. 보정서[출원서등보정] : 출원서 또는 기타 중간서류 등에 기재미비, 오기 등이 있는 경우에 이를 보완하거나 정정하기 위해 이용하는 서식
- 서식탐색기〉국내중간서식〉특허, 실용신안〉보정서[별지 제9호 서식]
- 서식탐색기〉국내중간서식〉디자인〉보정서[별지 제2호 서식]
- 서식탐색기〉국내중간서식〉상표〉보정서[별지 제4호 서식]

③ 반려이유 안내서

a. 서류반려요청서 : 반려이유를 통지받고 소명기간 내에 소명 없이 제출한 서류를 반려 받고자 하는 경우 이용하는 서식
- 서식탐색기〉국내중간서식〉공통〉서류반려요청(반환신청)서[별지 제8호 서식]

b. 소명서 : 부적법하다는 이유로 반려된 출원서류 등에 대하여 출원인 등이 소명하고자 하는 경우 제출하는 서식
- 서식탐색기〉국내중간서식〉특허/실용신안〉의견(답변, 소명)서[별지 제24호 서식]
- 서식탐색기〉국내중간서식〉상표, 디자인〉의견(답변, 소명)서[별지 제1호 서식]

④ 절차보완 요구서

a. 절차보완서 : 상표등록 출원 시 절차보완이 필요한 경우에 제출하는 서식
- 서식탐색기〉국내중간서식〉상표〉보정(보완)서[별지 제4호 서식]

⑤ 협의 요구서

a. 협의에 의한 권리자선임신고서 : 경합하는 출원 중 하나의 출원을 정하여 그 권리자를 신고하는 경우 또는 경합하는 출원인 변경신고 중 하나의 출원인을 정하여 그 권리자를 신고하는 경우 이용하는 서식
- 서식탐색기〉국내중간서식〉공통〉권리관계변경신고서[별지 제20호 서식]

⑥ 우선심사보완 요구서

a. 우선심사신청관련 서류제출서 : 우선심사 신청절차를 보완하고자 서류를 제출하는 경우 전자문서로 제출이 가능한 경우 제출하는 서식
- 서식탐색기〉국내중간서식〉공통〉우선심사신청관련 서류제출서[별지 제1호 서식]

⑦ 분할출원 불인정예고 통지서

a. 의견서 : 우선권주장 불인정 또는 분할/변경 출원 불인정 통지서 등을 받고 의견을 제출하는 경우 이용하는 서식
- 서식탐색기〉국내중간서식〉특허/실용신안〉의견(답변, 소명)서[별지 제24호 서식]
- 서식탐색기〉국내중간서식〉상표, 디자인〉의견(답변, 소명)서[별지 제1호 서식]

3. 특허청 발송통지서에 대한 관련지식 수집

① 심사기준

a. 특허(실용신안, 상표, 디자인) 심사관의 심사시 지침가이드로 법 조항 및 해당사례에 대한 심사처리기준을 확인할 수 있습니다.

b. 특허청 홈페이지〉책자/통계〉간행물〉지식재산 심사 기준 / 매뉴얼(또는 검색창에서 검색)에 게재되어 있습니다.

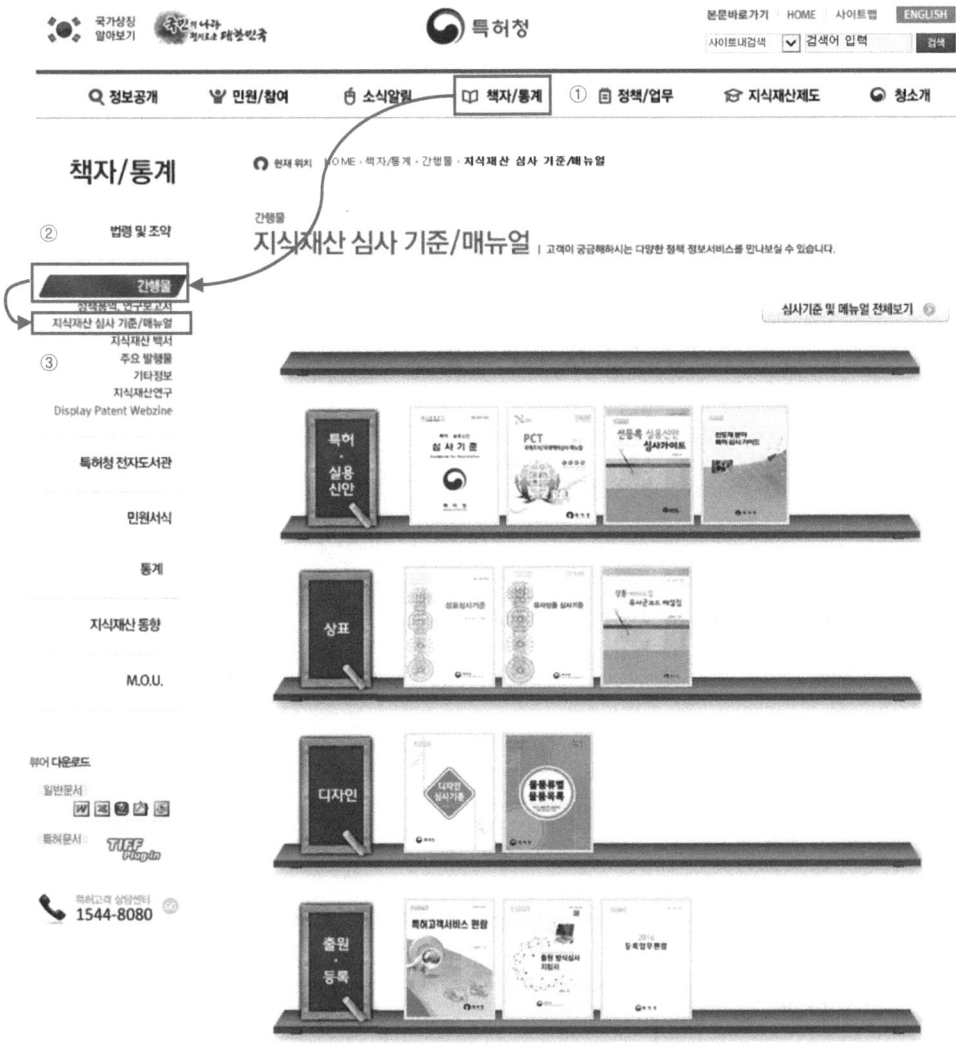

② **방식심사지침서**

　a. 출원 방식심사 담당자의 방식심사 지침 가이드로서 제출 서류의 요건 등 기재사항에 대한 방식심사 처리지침서입니다.

　b. 특허청 홈페이지〉책자 / 통계〉간행물〉심사기준 / 매뉴얼에 게재되어 있습니다.

③ **관련법령 검색**

　a. 보정요구서나 의견제출통지서에 기재된 법령내용을 확인하는 경우 필요하며

　b. 특허청 홈페이지〉책자 / 통계〉법령 및 조약(또는 검색창에서 검색)〉산업재산권 법령체계도에서 검색할 수 있습니다.

www.kipo.go.kr

부 록

출원관련 수수료와 출원료 등의 면제 및 감면 안내를
비롯한 특허고객 서비스 업무에 대하여 안내하였습니다.

2018

누구나 이용하기 쉬운 **출원 실전 가이드북** ▶▶▶▶▶▶▶▶▶

부록1. 출원관련 수수료 안내

(2018. 12. 1. 기준, ★표는 면제·감면대상 수수료)

(1) 출원료

구분		특허 ★	실용신안 ★	디자인 ★		상표
				심사	일부심사	
전자출원 (온라인)		국 어 46,000원 외국어 73,000원	국 어 20,000원 외국어 32,000원	1디자인마다 94,000원	1디자인마다 45,000원	1 상품류 구분마다 62,000원+지정상품 가산금 ■ 특허청에서 고시하는 상품 명칭만을 사용하여 출원하는 경우 1상품류 구분마다 56,000원+지정상품 가산금
서면 출원	기본료	국 어 66,000원 외국어 93,000원	국 어 30,000원 외국어 42,000원	1디자인마다 104,000원	1디자인마다 55,000원	1 상품류 구분마다 72,000원+지정상품 가산금
	가산료	명세서·도면·요약서의 합이 20면을 초과하는 1면마다 1,000원 가산		없음	없음	없음

- 특허권 존속기간 연장등록 출원료 : 매건 300,000원★
- 지정상품 가산금 : 1상품류 구분의 지정상품이 20개 초과 시, 초과하는 지정상품마다 2,000원 가산('12. 4. 1. 이후 출원 건부터 적용)
- 외국어 특허·실용신안 출원은 영어만 가능

(2) 우선권주장 신청료, 우선권주장 추가료, 심사청구료★, 우선심사신청료

구분			특허	실용신안	디자인		상표
					심사	일부심사	
우선권 주장	신청료	전자	1우선권주장마다 18,000원		1우선권주장마다 18,000원		1상품류 구분마다 18,000원
		서면	1우선권주장마다 20,000원		1우선권주장마다 20,000원		1우선권주장마다 20,000원
	추가료	전자	1우선권주장마다 18,000원		없음	없음	없음
		서면	1우선권주장마다 20,000원				
심사 청구료 ★	기본료		143,000원	71,000원	없음	없음	없음
	가산료		청구범위 1항마다 44,000원 가산	청구범위 1항마다 19,000원 가산	없음	없음	없음
재심사 청구료	기본료		100,000원	50,000원	보정료 부분 참조		없음
	가산료		청구범위 1항마다 10,000원 가산	청구범위 1항마다 5,000원 가산			
우선심사 신청료			200,000원	100,000원	1디자인마다 70,000원	1디자인마다 70,000원	160,000원

(3) 변경 출원료★, 분할 출원료★, 분할 및 변경 출원료★

- ■ 변경 출원료
  - 특허 ↔ 실용신안 : 해당 권리의 신규 출원료에 해당하는 금액

- ■ 분할 출원료 : 해당 권리의 신규 출원료에 해당하는 금액
  - 단, 복수디자인등록출원(2014. 7. 1. 이후 출원)의 경우 아래의 금액을 적용
    ① 동일(심사 또는 일부심사)출원으로 분할하는 경우 :
       1디자인마다 전자문서 제출 10,000원 / 서면 제출 20,000원
    ② 일부심사등록 출원을 심사등록 출원으로 분할하는 경우 :
       1디자인마다 전자문서 제출 59,000원 / 서면 제출 69,000원
  - 단, 다류지정 상품등록출원 분할의 경우 : 분할되는 출원마다 10,000원

(4) 실용신안 기술평가 청구료★

〈면제대상임. 1999. 7. 1. ~ 2006. 9. 30. 출원되어, 설정등록된 경우에만 가능〉

- ■ **기본료** : 매건 86,000원

- ■ **가산료** : 기술평가 청구범위의 1항마다 14,000원 가산

(5) 보정료

- ■ 절차보정(위임장 미제출 등) 또는 내용보정(명세서·도면·견본 등) 구분 없이 보정서 전자문서 제출 매건 4,000원, 서면 제출 매건 14,000원

- ■ 외국어 특허·실용신안출원 오역 정정료(외국어 국제 특허·실용신안출원 포함)
  ① 전자문서 제출 : 특   허 기본 71,000원, 청구범위 1항마다 22,000원 가산
                   실용신안 기본 35,000원, 청구범위 1항마다 9,000원 가산
  ② 서면 제출 : 특   허 기본 91,000원, 청구범위 1항마다 22,000원 가산
                실용신안 기본 45,000원, 청구범위 1항마다 9,000원 가산

- ■ 디자인변경 보정료 (2005. 7. 1. 이후 출원은 서지사항보정서로 작성)
  - 단독 ↔ 관련, 동일(심사 또는 일부심사)출원 보정은 상기 보정료와 동일
  - 일부심사 → 심사 변경 보정은 전자문서 제출 53,000원 / 서면 제출 63,000원
    ※ 심사등록 출원을 일부심사등록 출원으로 변경 보정시 전자 45,000원/서면 35,000원 반환
  - 복수디자인등록 출원의 도면 보정
    : 1일련번호의 디자인마다 전자문서 제출 4,000원 / 서면 제출 14,000원

- **디자인 재심사 청구시 보정료**
  - 동일(심사 또는 일부심사)출원 보정은 전자문서 제출 30,000원 / 서면 제출 40,000원
  - 일부심사→심사 변경 보정은 전자문서 제출 79,000원 / 서면 제출 89,000원
    ※ 심사등록출원을 일부심사등록출원으로 변경 보정시 전자 19,000원 / 서면 9,000원 반환
- **상품류 구분 또는 지정상품 보정료 : 매건 전자문서로 제출 4,000원 / 서면 제출 14,000원**
  ※ 단, ① 보정 후 상품류 구분의 수가 보정 전 상품류 구분의 수를 초과하는 경우 그 초과 상품류 구분마다 전자문서 제출 62,000원 가산 / 서면 제출 72,000원 가산
  ② 2012. 4. 1. 이후 출원부터 보정 후 1상품류 구분의 지정상품이 20개 초과시 초과하는 지정상품마다 2,000원 가산
  - 지정상품의 가산금 부과대상인 출원에 대한 보정인 경우에는 보정 후 지정상품 가산금 부과대상 상품이 보정 전보다 증가된 상품마다 2,000원 가산

(6) 기타 수수료

- **보완료**
  - 상표등록출원·지정상품추가등록출원에 대한 절차보완료 : 매건 10,000원
  - 디자인출원 절차보완료 : 전자문서 제출 4,000원 / 서면 제출 14,000원
- **출원인 변경 신고료**
  - 매건 전자문서 제출 11,000 / 서면 제출 13,000원
  - 상속에 의한 경우 매건당 전자문서 제출 5,000원 / 서면 제출 6,500원
  - 법인의 분할·합병의 경우 매건당 전자문서 제출 5,000원 / 서면 제출 6,500원(2006. 5. 1. 이후 신청 분부터 적용)
  - 기술의 이전 및 사업화 촉진에 관한 법률 제11조 제1항에 따른 전담조직으로 이전하는 경우 면제(상표 제외)
- **지정기간 또는 기일연장 신청료**
  - 1회 : 20,000원, 2회 : 30,000원, 3회 : 60,000원, 4회 : 120,000원, 5회 이상 : 240,000원
    ※ (납부예시) 출원인이 1회에 2개월의 기간연장을 일괄 신청할 경우 납부할 기간연장신청료는 총 50,000원[1회(1월) 20,000원+2회(2월) 30,000원=50,000원]이며, 추가로 1개월에 대해 기간연장신청 시 3회(3월)에 해당하는 금액(60,000원)을 납부하여야 합니다.
- **법정기간 또는 기일연장 신청료**
  - (국내)1회 : 20,000원, (국외) 1회 : 20,000원, 2회 : 30,000원
- **외국어 국제특허·실용신안 출원의 국어번역문 제출기간 연장료 : 20,000원(1회/1개월에 한함)**
- **비밀 디자인 청구료 : 1디자인마다 전자문서 제출 18,000원/ 서면 제출 20,000원**
- **디자인등록 출원공개 신청료 : 1디자인마다 전자문서 제출 21,000원/ 서면 24,000원(감면대상×)**
- **이의신청료 : 1디자인마다 / 1상품류 구분마다 50,000원**

부록2. 출원료 등의 면제 및 감면 안내

(2018. 12. 1. 기준)

(1) 면제 및 감면대상 수수료

출원료, 심사청구료, 최초 3년분의 특허(등록)료, 4~6년분의 특허(등록)료(개인〈면제대상자 포함〉, 소기업, 중기업, 공공연구기관, 전담조직, 중견기업에 한함), 실용신안기술평가청구료[면제대상자에 한함], 적극적 권리범위확인 심판청구료(면제대상자, 개인, 중소기업, 전담조직에 한함)

※ 상표는 감면대상에서 제외됨

(2) 신청방법

반드시 출원·심사청구·기술평가청구·권리범위확인심판청구·등록 시에 면제·감면사유를 기재하고 해당 증명서류를 제출

(3) 전액(100%) 면제대상 및 증명서류

(대상 수수료) 출원료, 심사청구료, 최초 3년분의 특허(등록)료

면 제 대 상	요 건	증 명 서 류
1. 국민기초생활보장법상 의료급여 수급자	발명(고안·창작)자와 출원인이 동일한 경우에 한함	국민기초생활보장법에 의한 증명서류
2. 국가유공자와 유족 및 가족 5·18민주유공자와 유족 및 가족 고엽제후유증환자·고엽제후유의증환자 및 고엽제후유증 2세환자 특수임무수행자와 유족 독립유공자와 유족 및 가족 참전유공자(본인)		당해 자격을 증명하는 서류 1통
3. 장애인복지법상 등록 장애인		장애인등록증 사본 또는 장애인 복지법에 의한 등록 장애인 증명서류
4. 학생(초·중·고의 재학생에 한함)		재학증명서
5. 만 6세 이상 만19세 미만인 자		없음
6. 군복무 중인 일반 사병, 공익근무요원, 전환복무수행자('12. 4. 1. 이후 출원·심사청구·설정등록 하는 것부터 적용)		복무증명서

※ 유의
1. 국가유공자 등임을 증명하는 서류와 등록 장애인임을 증명하는 서류를 이미 특허청장에게 제출한 경우에는 제출 생략 가능
2. 국민기초생활수급자증명원·국가유공자(유족)확인원·장애인증명서의 경우 서식에 생략의사표시와 색인정보를 기재함으로써 제출 생략 가능
3. 권리별로 각각 연간 10건(반려되거나 1개월 이내에 취하 또는 포기된 것은 제외)에 한함. 다만, 2010. 4. 1. 이후 복수디자인 출원하는 것부터 1출원에 면제받을 수 있는 디자인 수는 3개 이하임

(4) 85% 감면대상 및 증명서류

(대상 수수료) 출원료, 심사청구료, 최초 3년분의 특허(등록)료

면 제 대 상	요 건	증명서류
1. 만 19세 이상 만30세 미만인 자 2. 만 65세 이상인 자	○ 발명(고안·창작)자와 출원인이 동일한 경우에 한함	○ 없음

(5) 70% 감면대상 및 증명서류

(대상 수수료) 출원료, 심사청구료, 최초 3년분의 특허(등록)료

감면대상	요 건	증 명 서 류
1. 개 인	○ 발명(고안·창작)자와 출원인이 동일한 경우에 한함	○ 없음
2. 소기업	○ 중소기업기본법 제2조의 규정에 의한 소기업	○ 중소기업임을 증명하는 서류 1. 사업자등록증 사본 2. 중소기업확인서(중소기업 현황 정보 시스템에서 발급) 또는 직전 3개 사업연도의 자산총액·평균 매출액 확인 서류, 예) 재무제표 등 단, 직전 3개 사업연도가 없는 경우 중소기업 기본법 시행령 제7조에 따른 평균 매출액 확인 서류
3. 중기업	○ 중소기업기본법 제2조의 규정에 의한 중기업	

※ 유의
1. 사업자등록증의 경우 서식에 생략의사표시와 색인정보를 기재함으로써 제출 생략 가능
2. 소기업 및 중기업의 증명서류는 중소기업기본법 제2조에 따른 유효한 것에 한함.

(6) 50% 감면대상 및 증명서류

(대상 수수료) 출원료, 심사청구료, 최초 3년분의 특허(등록)료

감면대상	요 건	증 명 서 류
1. 대기업과 중소기업 공동연구	○ 대기업과 중기업 또는 소기업이 계약에 따라 공동 연구를 수행하고, 그 연구결과물에 대하여 공동으로 특허 또는 실용신안등록 출원을 한 경우 ※ 2006. 5. 1. 이후 출원 또는 심사청구를 하는 경우 출원료 또는 심사청구료에 한함	○ 대기업 사업자등록증 사본 ○ 중소기업은 중기업 또는 소기업임을 증명하는 서류

(대상 수수료) 출원료, 심사청구료, 최초 3년분의 특허(등록)료, 4년~존속기간 특허(등록)료

감면대상	요 건	증명서류
1. 개 인	○ 발명(고안·창작)자와 출원인이 동일한 경우에 한함	○ 없음
2. 소기업	○ 중소기업기본법 제2조의 규정에 의한 소기업	○ 중소기업임을 증명하는 서류 1. 사업자등록증 사본 2. 중소기업확인서(중소기업 현황정보 시스템에서 발급) 또는 직전 3개 사업연도의 자산총액·평균 매출액 확인 서류, 　예) 재무제표 등 　　단, 직전 3개 사업연도가 없는 경우 중소기업 기본법 시행령 제7조에 따른 평균 매출액 확인서류
3. 중기업	○ 중소기업기본법 제2조의 규정에 의한 중기업	
4. 공공 연구 기관	○ 기술의 이전 및 사업화 촉진에 관한 법률 제2조 제6호에 따른 공공연구기관 　1. 국·공립연구기관 　2. 과학기술분야 정부출연연구기관 등의 설립·운영 및 육성에 관한 법률에 의하여 설립된 정부출연 연구기관 　3. 특정연구기관육성법의 적용을 받는 특정연구기관 　4. 고등교육법에 의한 학교(국가가 설립·경영하는 국립학교, 지방자치단체가 설립·경영하는 공립 학교 및 학교법인이 설립·경영하는 사립학교) 　5. 민법 또는 다른 법률에 의하여 설립된 연구 개발 관련 법인·단체 　　– 국가·지방자치단체 또는 정부투자기관이 연간 연구비의 1/2 이상 출연하거나 보조하는 법인·단체 　　– 국가·지방자치단체 또는 정부투자기관이 자본금 또는 재산의 1/20이상 출자 또는 출연한 법인 　　– 기타 관계중앙행정기관의 장이 기술이전 촉진을 위하여 필요하다고 인정하여 지정 하는 법인·단체	○ 해당 증명서류 ○ 없음 ○ 없음 ○ 없음 ○ 없음 ○ 해당 증명서류 – 설립 근거 법률 – 정관 – 국가 등에서 자본금의 2분의 1 이상을 출자 하였음에 대한 증빙
5. 전담조직	○ 기술의 이전 및 사업화 촉진에 관한 법률 제11조 제1항에 따른 전담조직(고등교육법에 의한 국·공립학교에 설치하는 전담조직은 법인인 경우에 한함)	○ 전담조직임을 증명하는 서류
6. 지방자치단체	○ 지방자치법 제2조 제1항의 규정에 의한 지방자치단체	○ 없음

※ 유의
1. 적극적권리범위확인심판청구료 및 실용신안기술평가청구료는 감면대상이 아님
　　단, 전담조직의 경우에는 적극적권리범위확인심판청구료 50% 감면
2. 공공연구기관임을 증명하는 서류와 전담조직임을 증명하는 서류를 이미 특허청장에게 제출한 경우에는 제출 생략 가능
3. 사업자등록증·법인등기사항전부증명서의 경우 서식에 생략의사표시와 색인정보를 기재함으로써 제출 생략 가능

(7) 30% 감면대상 및 증명서류

(대상 수수료) 출원료, 심사청구료, 최초 3년분의 특허(등록)료, 4~9년분의 특허(등록)료

감면대상	요 건	증 명 서 류
중견기업	○ 중견기업 성장촉진 및 경쟁력강화에 관한 특별법 제2조 제1호에 따른 중견기업	○ 중견기업 확인서(한국 중견기업 연합회에서 발급)

부록3. 특허고객 서비스 업무 안내

■ **특허고객상담센터**

○ 전화상담서비스 (1544-8080)
  - 전국 어디에서나 1544-8080("발명발명")으로 전화하시면 됩니다.
  - 전화연결 및 안내멘트 청취 후 관련 연결 번호를 누르시면 통화대기시간 없이 상담원과 즉시 상담하실 수 있습니다.
  - 전화상담 가능시간
    · 평일 : 09:00~18:00
    · 휴일(토요일 포함) : 휴무
  - 야간 및 휴일에 상담예약을 하시면 콜백(Call-Back)서비스를 제공해드립니다.

○ 인터넷 상담서비스
  - 자주 묻는 질문(FAQ)
    · 산업재산권 및 특허행정과 관련하여 자주 묻게 되는 질의·답변 및 기존의 주요 상담사례를 주요 카테고리별로 정리하여 제공해드리며, 「무엇이든 물어보세요」에 질의하시기 전에 미리 유사한 답변을 찾아보시면 궁금증을 해소하시는 데 도움이 됩니다.
  - 웹 공유 상담
    · 민원인께서 본인 PC에서 전자출원을 하시거나 출원서 등을 작성하는 과정에서 궁금한 사항이 있을 경우, 자신이 보고 있는 PC의 웹 화면을 콜센터 상담원과 원격으로 공유하면서 상담을 받으실 수 있습니다.
    · 웹 공유 상담을 원하시는 분은 먼저 고객상담센터 상담원과 전화통화(1544-8080)을 하신 후, 웹 공유 상담 코너에 접속하여 상담원이 안내해주는 연결번호를 입력하여 접속하시면 됩니다.
  - 모바일 상담 서비스
    모바일 웹(Web)과 앱(App) 및 트위터를 통해 시간과 장소에 구애받지 않고 상담사례 및 상담 서비스를 제공받으실 수 있습니다
    · 트위터(@ipconsult)
    · 모바일 웹(m.kipi.or.kr/ipconsult)

■ **특허청 고객지원실(대전) 및 서울사무소**

○ 출원·등록·심판서류 등 접수, 등록증·우선권증명서류 등 교부, 각종 제증명·복사서류 발급 및 상담 등의 업무를 담당하고 있습니다.

○ 주소
  - 특허청 고객지원실 : (35208) 대전광역시 서구 청사로 189, 정부대전청사 4동 1층
  - 특허청 서울사무소 : (06133) 서울특별시 강남구 테헤란로 131(역삼동 647-9번지) 한국지식재산센터빌딩 5층

◦ 고객지원실(대전) 업무별 담당자 전화번호

전화번호	업무구분
042) 481-5200	특허, 실용신안 신규/중간서류 접수
042) 481-5215	면담실, 포괄위임등록(방문)
042) 481-5216	상표, 디자인 신규/중간서류 접수
042) 481-5217	증명, 복사
042) 481-5219	국외 온라인 특허고객번호 부여
042) 481-5224	특허고객번호부여 업무(국내 온라인), 출원인정보변경(FAX)
042) 481-5226	등록업무, 우선권증명 온라인, 사실증명 온라인
042) 481-5221	고객지원실 총괄

◦ 서울사무소 업무별 담당자 전화번호

전화번호	업무구분
02-3458-2231	출원, 포괄위임, 중간서류 접수, 고객안내
02-3458-2232	
02-3458-2233	출원 및 포괄위임
02-3458-2234	출원서류 접수
02-3458-2235	출원, 포괄위임, 중간서류 접수, 고객안내
02-3458-2236	
02-3458-2241	출원 등록 심판서류 접수
02-3458-2242	
02-3458-2243	출원 등록 심판서류 접수, 출원인 온라인 정보 변경
02-3458-2244	
02-3458-2245	
02-3458-2251	서류작성 및 절차안내
02-3458-2252	

총 괄	출원과장 이청일
편 집	주 무 관 임영환

누구나 이용하기 쉬운
출원 실전 가이드북 2019

초판 인쇄 2019년 06월 12일
초판 발행 2019년 06월 17일

저 자 특허청
발행인 김갑용

발행처 진한엠앤비
주소 서울시 서대문구 독립문로 14길 66 205호(냉천동 260)
전화 02) 364 – 8491(대) / 팩스 02) 319 – 3537
홈페이지주소 http://www.jinhanbook.co.kr
등록번호 제25100-2016-000019호 (등록일자 : 1993년 05월 25일)
ⓒ2019 jinhan M&B INC, Printed in Korea

ISBN 979-11-290-1150-3 (93500)   [정가 10,000원]

☞ 이 책에 담긴 내용의 무단 전재 및 복제 행위를 금합니다.
☞ 잘못 만들어진 책자는 구입처에서 교환해 드립니다.
☞ 본 도서는 [공공데이터 제공 및 이용 활성화에 관한 법률]을 근거로 출판되었습니다.